内容电商运营系列

直击人心的

图文内容

打造与传播

淘宝大学达人学院 著

電子工業出版社
Publishing House of Electronics Industry
北京·BEIJING

内容简介

"内容电商运营系列"是由淘宝大学达人学院集合阿里巴巴优秀创作者讲师编写的，对于内容电商知识进行更加细致合理的规划设计，更加符合移动电商时代读者的知识需求。该系列首批更新的图书包括《淘宝直播运营与主播修炼手册》《爆款视频内容打造与传播》《直击人心的图文内容打造与传播》。经过移动互联网这几年的发展，"图文内容"这个词已经变成了一种行业、风向和投资热门。

《直击人心的图文内容打造与传播》在此背景下应运而生。本书由淘宝大学集合淘系优秀讲师、图文内容行业的领军人士编写，主要讲解如何将图文内容与电商结合，通过内容的传播，达到加强品牌美誉度、维护消费者、增加产品销量的目的。本书主要包含内容创业环境、内容创作、粉丝运营、商业变现几个要点。

本书面向的是商家、品牌、图文内容从业者和网红创作者，本书可作为各类院校电子商务及相关专业的教材，更是电商创业者和图文内容从业人员的参考用书。

图书在版编目（CIP）数据

内容电商运营系列. 直击人心的图文内容打造与传播 / 淘宝大学达人学院著. —北京：电子工业出版社，2017.9

ISBN 978-7-121-32554-0

Ⅰ. ①内… Ⅱ. ①淘… Ⅲ. ①电子商务－网络营销 Ⅳ. ① F713.365.2

中国版本图书馆 CIP 数据核字 (2017) 第 209169 号

策划编辑：张彦红
责任编辑：张彦红
特约编辑：刘广钦
印　　刷：北京富诚彩色印刷有限公司
装　　订：北京富诚彩色印刷有限公司
出版发行：电子工业出版社
　　　　　北京市海淀区万寿路 173 信箱　　邮编：100036
开　　本：720×1000　1/16　印张：18.75　字数：278 千字
版　　次：2017 年 9 月第 1 版
印　　次：2020 年 9 月第 6 次印刷
印　　数：10001～11000 册　定价：69.00 元

凡所购买电子工业出版社图书有缺损问题，请向购买书店调换。若书店售缺，请与本社发行部联系，联系及邮购电话：（010）88254888，88258888。

质量投诉请发邮件至 zlts@phei.com.cn，盗版侵权举报请发邮件至 dbqq@phei.com.cn。

本书咨询联系方式：010-51260888-819，faq@phei.com.cn。

序　言

传统的依靠流量驱动的电子商务模式正在升级。淘宝已是中国年轻人和创业者发挥创造力体现创新精神的重要阵地，优质的内容，正是将淘宝上千千万万创新者与超过 5 亿名用户建立紧密连接的纽带。如张大奕、雪梨等为代表的红人店铺，在不依靠流量投入的情况下，依靠自己庞大的粉丝群体获得了高额的商业回报；很多中小卖家在尝试与各类型达人合作的过程中，亲历了内容电商的巨大魅力，实现了经营逆袭；很多资深买家、写手，当然也包括很多专业的内容生产机构，他们生产创作出大量优质的图文、短视频和直播内容，一方面帮助消费者更好地进行购物选择，一方面也实现了最大化的商业变现。

这些变化的背后，是消费升级的趋势不断深化，消费者从单纯地去看商品的价格和商品的功能参数，到更关注整个消费过程中的精神体验。而且这个过程中，越来越多的消费者希望获取更多的知识性、专业性的信息内容来为自己的购买行为做决策参考，优质内容对于消费者选择产生了越来越大的影响。对于电商企业来说，如何跳脱出过往的电商运营思维，快速拥抱内容电商的新趋势，抢占新零售时代的商机，是必须直面的新课题。

与此同时，新商业与消费升级的核心，不仅仅是更多的消费，而是通过消费数据及消费引导，让商业与情感的传递、人性的结合变得更加紧密，从而引导整个商业生态的升级。而这种变化会体现在两个维度：内容化引导需求和个性化引导消费。消费人群的消费需求将从过去的衣食住行，向个性化、定制化、标签化转变，内容需求向更个性、更有趣、更有效的生活资讯类转变。三个关键词将成为未来商业与内容的核心："社交化"、"人格化"、"态度化"，这是内容电商背后对消费者的深刻洞察。

对于优质内容的提供者，即内容创作者和内容机构来说，如何紧密围绕以阿里巴巴为代表的中国电商生态，如何持续洞察消费需求，如何持续产出优质内容，如何将优质内容进行商业变现，这些都是关键的课题。

本书由阿里巴巴·淘宝大学发起，我们召集了淘宝大学的多位资深讲师、多位内容电商的 KOL 创作者、多家内容电商知名 MCN 机构负责人，并走访了数十家电商企业，历经近一年的时间共同完成了本书的写作。本书体现了以下几个特点。

一是知识体系完善。基于淘宝大学完善的课程体系和师资资源，本系列图书在创作过程中，在图文内容、淘宝直播、短视频这三个方面都组成了专家团队，重点关注内容电商背景分析、内容定位、创作者匹配、内容价值评估、内容创作、粉丝运营等几个重要维度，为电商企业和内容电商从业者提供了系统化的知识体系。

二是内容贴近实战。本书的编写，汇集了众多内容电商实践者的宝贵经验，书中提到的方法、理念都源于成功的业界实践，提出的相关建议也切中要害，相信对于广大从业者是一本指导性极强的实战书籍。

三是内容具备前瞻性。编写团队在创作初期便充分考虑到了电商平台生态规则的升级变化，因此，本书从根本性的方法论着手，理论结合实践，保障了跨规则、跨类目、跨阶段的应用价值。

内容电商的时代已经来临，这对于内容创业者来说是一个最好的时代。希望本书能够对那些有志于从事内容创业的个人、机构带来切实的指导，并在实践中获益。

阿里巴巴集团五新委员会委员、淘宝大学校长

王帅

2017 年 9 月 22 日

本书编写成员：黄旭东、单毅、张浩、董晓琦、蔡文峰、张红雨、林敏。

关于本套丛书若干名词的说明

阿里创作者：随着淘宝、天猫等平台的发展，以及阿里巴巴生态体系中各商家、合作伙伴对内容的重视，逐渐产生了一大批内容创作者（包括图文、视频、直播等内容），这部分人群就是阿里创作者，简称达人。

阿里创作平台：随着阿里巴巴内容运营的发展，原淘宝达人平台改为阿里创作平台。

读者服务

轻松注册成为博文视点社区用户（www.broadview.com.cn），扫码直达本书页面。

- 提交勘误：您对书中内容的修改意见可在 提交勘误 处提交，若被采纳，将获赠博文视点社区积分（在您购买电子书时，积分可用来抵扣相应金额）。
- 交流互动：在页面下方 读者评论 处留下您的疑问或观点，与我们和其他读者一同学习交流。

页面入口：http://www.broadview.com.cn/32554

目　录

1

内容的春天

本章要点：

* 洞察消费升级带来的危与机
* 移动互联网时代的内容蝶变

1.1 洞察消费升级带来的危与机

最近几年，很多人都在讨论消费升级。有些人认为，消费升级就是消费者正在买越来越贵的东西，但现实情况可能并非如此。

2016年7月，《经济学人》杂志的一篇文章中提到，中国的中产阶级（家庭年收入为7.66万～28.6万元）人数从20世纪90年代的几乎为零，如今增长到2.25亿人。随着消费水平的提高，人们不再满足于基本的生活需要。

麦肯锡在2016年6月一份名为《重塑全球消费格局的中国力量》的报告中指出：中国消费结构与发达国家日益相像，到2030年，中国家庭全年在食物上的支出占比将下降18%，而“可选品”与“次必需品”的支出将显著增加，未来15年，中国将贡献全球消费增量的30%。

因为有了更多的需求和选择，消费者可以买越来越贵的东西。虽然实用和低价依然具备吸引力，但来自情绪、体验、多元价值观的精神召唤却在占据上风，随之而来的是品牌意识的觉醒、传统领域的不断细分，以及个性化定制的流行。

2015年12月的一个上午，笔者在淮海中路755号见证过一家老牌百货商厦在消费升级浪潮中的改头换面。这家商厦卸下老牌百货商号，预备将商场做成一个“发生故事的地点”。之后，据说是目前中国规模最大的无印良品店铺和国内首个Open MUJI空间在此驻扎，如图1-1所示。随MUJI一同入驻的，还有Under Armour旗舰店、旺卡动漫主题乐园中国旗舰店、又见主题文化空间等。

门口慕名而来的年轻人在淮海中路排成长龙，连续数十天的排队限流，使偶尔有不明情况的人路过，会好奇地问保安：“这里是有大促销吗？”

图 1-1

这背后是消费升级带来理念的改弦更张。人们走进百货商店不再仅仅为了买货，而是有了精神层面的诉求与向往；百货商厦也不再满足于卖货，转而去做一个互联网时代的文化产品。

种种“不满足”推动着消费升级的进程，进而影响并驱动相关产业的转型升级。很难得的是消费者心态的变化，正所谓“千金难买我愿意”。虽然选择多到令人“恐惧症发作”，但借着这股移动互联网传播的东风，好的内容还是会在碎片信息中被一点点挑出来，在市场中标之高价。背后蕴藏着无数宝贵的创业机会。

1.1.1 消费升级推动行业内容升级

品牌及文化含义的溢价被更广泛地接受，消费者愿意付出更多的感情溢价，内容为消费升级带来了无限的可能。

1. 在影视行业

据淘票票此前公布的《2016年中国影市报告》，2016年全年票房454.9亿元。虽然增速上明显放缓，但相较2012年的170.7亿元，还是能看出近年来国内电影市场的升级与爆发。除了收入提高和时间充裕带来的消费机会，观众对不同类型电影的接受度也在提升。这有很大一部分还要归功于自媒体。

在新榜中国影视微信影响力排行榜中，头部自媒体每周都能获得至少百万的阅读量（在单篇微信图文阅读数采集10万封顶的情况下）。一人之喜好，牵动百万人之喜好。自媒体丰富的内容不断刺激人们走进电影院，他们通过内容影响用户的观影决策——为他们观看一部电影给出N种理由，完成观影前心理上所需的仪式感建设。

如今，这些头部电影类自媒体逐渐成为电影宣发的主要渠道，并参与越来越多的影视产业链环节。例如有影视号会参与电影宣传和艺人包装定位；还有电影通过影视号发起全球点映众筹的案例。普通用户从观赏院线电影，到有了影响甚至搅动电影市场的可能。

我们甚至可以猜想，未来是否电影也有可能为个人定制？当然，这是在不考虑成本的情况下。

2. 在娱乐八卦行业

人们从站在圈外的围观者，成为八卦的生产者。不少娱乐八卦自媒体的后台，成为集中搜集用户爆料的窗口，有娱乐自媒体专门搭建相应的爆料平台，用 UGC（用户生产内容）模式刺激八卦内容的产生。虽说对娱乐八卦的渴望是原始诉求，但能做到今天这种程度，还要归于消费升级带来的机会。换言之，在温饱还不能解决的时代，人们可能会在茶余饭后聊起张家李短的鸡毛蒜皮，但出现大型娱乐八卦爆料组织、兢兢业业的“朝阳群众”的概率，就低得多了。

3. 在母婴行业

一个传统传播渠道的资深专家，可能已经无法与一个普通孩子的妈妈所拥有的粉丝数量与依赖度相匹敌。例如，2017 年年初宣布获得 6000 万元融资的“年糕妈妈”，以及现金储备超 10 亿元的国内知名母婴电商蜜芽，最初都是从一个妈妈自身的诉求开始做起的。

传统那套似乎已经无法与年轻妈妈的生活方式与消费观念相匹配，专业、贴近且个性化的母婴电商品牌，才能激起她们的兴趣。在这些母婴号的评论区，用户的留言都像是闺蜜间的交谈，人格化的品牌是她们最主要的筹码之一。试想时间倒流五年，很多人应该会感到不以为然，但如今擅长做好一个妈妈，也可能成为一个人创业逐梦的好生意。

即便是妈妈们经常用以购物的手机淘宝，也逐渐开始以创作者推荐内容的形式帮助她们进行选购。购买这件事，逐渐有了更多个性的选择。

4. 在汽车领域

消费升级也在左右着汽车行业的发展。汽车类自媒体“车叫兽”的创始人薛圳在描述创业初衷时说了这样一段话：

> 汽车消费升级，我做公众号是为了证实一个猜想：对于有一定用车、购车经验的用户来说，传统媒体汽车资讯的价值会下降。国内汽车普及是在2005年左右开始的，第一波普及的主力车型其实是10万元及以下的微型车，比如2007年、2008年那种奥拓、QQ这样的车，2012年之后这种车型几乎没有，厂商也不会生产这种车型。这其实是汽车的更新换代，差不多五到十年一个置换周期。从2012年开始，15万元以上的车的增幅占比很大，到2017年达到35%左右，2012年之前是15%左右。针对这种情况，我们结合自己的购车经验对内容做过分析。初级的购车用户（类似汽车小白），是比较倾向于接受媒体信息的，对买一部车的具体需求，一部车可以带来哪些生活上的改变是没有概念的，倾向于别人告诉你。但有了购车经验之后，前面几个问题就会变得很清晰，或者说有这方面的感觉。所以，有一定用车经验的用户会主动寻找想要了解的信息。这两种行为会造成两种用户在资讯需求上的差异。前者更趋向于媒体/专家告诉他什么，后者倾向于关注一部车方方面面的细节，尤其在日常使用中的表现，以及由真实用户分享出来的内容。但这种内容在市场上实际上很稀缺，而我们主要想做的就是这部分内容。

据他所言，人们在这波汽车消费升级的大潮中关注的已经不再是“怎样买10万元左右的车”，而是有更深层次的需求亟待满足。也是基于这样的变化，这些汽车新媒体先后推出UGC测评，从聊汽车性能到融入汽车文化娱乐的资讯，并建立线上线下的车友社群，尝试汽车产业链条中的关键枢纽，倒逼传统的行业模式做出顺应形势的迭代。

5. 教育领域

在今天，任何一个传统行业的从业人员都有机会凭借自身掌握的行业知识，成为这个领域的知识分享者，或者说优质内容提供者，又或者成为网红，由此得到流量和粉丝。出于解决当下普遍焦虑的需求，以及人们渴望快速了解未知领域的需求，知识内容具备了付费订阅的先天优势。

其中不得不提到一个词：内容付费，虽然这其实并非新鲜事物。从这些付费产品的内容来看，无论是迅速走红的分答，还是因订阅量之高引起圈内关注的付费订阅产品“李翔商业内参”“通往财富自由之路”“好好说话”，或一些小量级的线上付费课程分享（可能只是关于如何起好一个标题，或者怎么写好一个故事的开头），都能看出人们感兴趣的东西只会越来越细分和个性化，并且做好了为之买单的准备。

1.1.2 消费升级下的内容新玩法

从内容到电商，从电商到内容。如今，淘宝、飞猪旅行这些掌握巨大流量和商家资源的平台也开始加入内容抢夺战，建立各自的创作者资源，请这些在特定领域有个人经验的创作者为平台上的用户做个性化推荐，甚至定制。换句话说，在消费升级的态势下，卖什么不重要，怎么卖才重要。

2015 年，手机淘宝推出“内容开放计划”，手机淘宝内容平台上的优质内容创作者和机构在三年内可共享 20 亿元佣金。与此同时，手机淘宝将阿里创作者内容平台向第三方内容创作者和机构开放。在原来的基础上，吸引微博红人、自媒体人、线下媒体等多平台创作者入驻。据了解，手机淘宝为阿里创作者提供了至少 25 种曝光渠道，如淘宝头条、有好货、必买清单、爱逛街、热门市场、微淘、社区、直播，等等，几乎包含手机淘宝首屏所有黄金档位。

2016 年，淘宝又上线了“阿里 V 任务”，提供了创作者和商家直接交易的衔接平台，从淘宝内容开放计划三年放出 20 亿元的目标来看，“阿里 V 任务”或将成为内容导购最大的增值变现渠道。

据公开资料显示，如今淘宝的年度活跃用户数量在4.34亿以上，尤其随着移动端的用户习惯养成，手机淘宝的流量巨大。但在消费升级的趋势下，淘宝虽为电商平台，也开始对内容营销的重视程度逐步加深，试图用内容聚拢消费者，影响他们的购买决策。

成效也初有显现，在2016年的阿里创作者新享会上，阿里创作者相关负责人介绍称：截至2016年5月，日均进站UV峰值超过1800万，比2015年7月翻了3倍多；创作者规模突破50万人，比2015年7月翻了近4倍。TOP1000的创作者年度累计粉丝数量超过1亿。美妆达人张沫凡的粉丝接近100万人，在淘宝做一场直播围观人数能达到14万。美妆达人Mr乔希单次直播促成100单以上交易，平均每分钟一单。

笔者曾在2016年10月采访过一批转战淘宝的自媒体创作者，当时已经有创作者称实现了月入百万元。通过图文推荐、视频及直播等形式，淘宝的商品导购模式正逐步走向内容导购，而这将成为一些自媒体人一展身手的新领地。

文艺界大号“新世相”，重生的这一年半的时间里，已不仅仅是一个文艺青年竞相朝圣的聚集地。从“我们终将改变潮水的方向”到“我们够呛改变潮水的方向”，再到这一年半来策划的种种传播爆款事件，“新世相”一直都在抛出一些概念，试图触及城市人群精神属性的一面。

例如，刷爆很多人朋友圈的“4小时后逃离北上广”（如图1-2所示）。据此前采访了解，“新世相”当天涨粉超10万，而且在接下来的一段时间内，至少有上百家企业找到“新世相”，表达了合作意愿。

图 1-2

“逃离北上广”之后，“新世相”又策划了一系列爆款事件，如“中秋为什么不想回家”“新世相”图书计划和“X 玖少年”出道。“新世相”的任性，是这场消费升级赠予的礼物。回到过去可能是格格不入的想法，在今天却能击中人们寻求内心成长的需求，满足这个领域还较为空白的商业服务，甚至凭借其独树一帜的个人风格，成为一定程度上精神自媒体的独角兽。

观察这些正在发生的变化，会明白这两年常被提起的“第三次消费升级”并非虚词。人们的习惯和需求正随着这波消费升级不断趋于个性，趋于重视品质和自我的体验。不仅如此，人们的“需求”本身也等待被开发，相比满足需求，发现需求显得更为重要和有趣。

1.1.3 消费升级下的危机并存

当然，危与机并存。在这个过程中，有一些传统行业乘风而起，也有一些被甩在最后，难再发力。《南方周末》于 2016 年 9 月推送的《2 亿中产正在“消费升级”》一文中提到：作为旗下拥有玉兰油、海飞丝、舒肤佳、汰渍等诸多品牌的全球最大日用消费品公司之一，宝洁从 2007 年到 2013 年，在中国的零售额每年的同比增长呈下坠态势，从 20% 跌至 5% 左右。

老品牌的节节败退，首先源于消费升级新形势带来的电商冲击。联合国贸易和发展会议（UNCTAD）的数据显示，2015 年中国网购消费者数量为 4.13 亿，高于美国的 1.66 亿，消费者的年均网购开支为 1508 美元。中国的 B2C 电商规模达 6230 亿美元，高于美国的 5110 亿美元，为全球最大市场。

消费者获取信息、购买物品的渠道越来越多元，个性化需求也日益旺盛，老品牌的老牌面并不能代表一切。如果无法顺应形势，企业品牌或个体，都会面临被大潮卷走的危机和尴尬。

近两年，我们看到很多老品牌顺势而为做出的迭代，例如，雕牌推出“雕牌新家观”，刷新老品牌的新面孔；频频做影视剧植入营销的三只松鼠，凭借鲜明的品牌印象，几乎成为坚果品牌的代名词。

还有另一种危机，来自蓬勃兴起的新市场所带来的治理短板。人民日报曾在 2016 年 10 月发时评称：“在日益升级的食品消费理念中，健康只是最基本的要求。色香味俱全、食材新鲜，才是中国人评价美食的标准。即便在匆忙的高铁上，大家也为更可口的盒饭发出吁求；就算偏居一隅，也可以通过电商搜罗天南海北的美食。这些食品消费的新理念、新需求，呼唤‘供给侧’要跟上……这些伴随‘互联网 +’而来的新烦恼，也是给监管部门带来的新挑战。”

食品消费领域仅仅是其中一部分。消费升级为消费市场带来的全面洗牌，还有很多的规则拟定需要重新考量。就像任性多少会伴随无序，这将是对所有人的考验。

1.2 移动互联网时代的内容蝶变

1.2.1 移动时代的内容发展

“内容从未像今天这般值钱，以及被重视过。”这可能是近两年被提及最多的一句话。

经过移动互联网时代这几年的发展，“内容”这个词似乎突然变成了一种行业、风向和投资热门。而在此之前，它可能还仅仅停留在百度百科上的三项释义：物件里面所包容的东西；事物内部所含的实质或意义；哲学名词，指事物内在因素的总和，与“形式”相对。

这就像畅销书作家李笑来提到的那个语出惊人的预言，他认为：互联网在 2016 年已经完成了连接所有人的使命，在未来相当长的时间，可能是十年、十五年，文字工作者的价值可能会被高估，也就是说，接下来如果房价还能再涨，那么很可能是文字工作者在撑起这件事情。

文字工作者会代替程序员支撑起中国房价吗？同样作为文字工作者的笔者暗暗忖度，还是觉得没有这个信心。不过李笑来为内容及知识加上的那个着重感叹号，确实能代表这两年来很多人想要表达的心声。

内容的发展很大一部分还要从自媒体的发展说起。如果把微信公众号视为最主要的大本营，自媒体真正兴起也就是在 2014—2016 年。虽然从博客时代就有自媒体的概念，但只有有了比较大的商业化空间，自媒体才能充分成长。自媒体兴起和微信去中心化有非常重要的关系，它使得内容创业者能够与自己的粉丝建立相对比较稳固的订阅关系、用户关系，这是过去中心化平台都做不到的。2014 年，其实某种程度上是一批先知先觉者，发现这么一个去中心化平台给了他们更大空间，率先冲进去尝试。而后两年，自媒体蓬勃发展，逐渐商业化，收获第一桶金，尤其 2015 年是最大的红利爆发期。到了 2016 年，先知先觉者巩固了他们的先发优势。从 2015 年到 2016 年，广告主投给自媒体的广告预算经历了两位数的增长。2016 年仅微信公众号的原生广告收入就达到 100 亿元规模，虽然这个数字在整个广告市场中并不大，但对自媒体来讲已经是很大一笔收入了。2016 年实际上是大丰收的一年，我们看到很多自媒体赚得盆满钵满，但同时也是洗牌开始的一年，特别是从下半年开始。

以微信、微博为重要战场的自媒体内容由此兴盛壮大，内容表现形式不断升级，垂直细分的内容越来越受到重视，尤其是各个领域的头部优质内容，大部分都得到了资本市场的青睐，发展为垂直领域的领头羊，甚至上市新三板。

更有意思的是，更多的内容平台和工具类互联网平台也加入这场内容争夺的混战。例如，前文提到手机淘宝的“内容开放计划”，抛出巨资和流量吸引内容创业者入驻。回顾这几年来内容的发展，很重要的一点在于顺应消费升级所做出的单点突破，以及优质内容频频创造巨量传播案例和融资案例带来的显赫名声。

例如，公众号领域最初一批爆红的短视频自媒体“一条”。每天发布一条精致的原创生活类视频，半个月涨粉 100 万，早早完成 A 轮融资，这些 2015 年发生在“一条”身上的故事，在当时还是惊为天人的案例。一篇旧时的报道用“一个微信公众号每月收入 3000 万元”作为标题，以表达对一个公众号估值过亿美元的惊讶。重点是，这只是一个微信公众号啊。但今天我们就不会这么说了。

2016 年年底，盘点这一年内公开的 108 个内容创业融资案例，发现至少有 21 亿元左右的资金流入了新媒体人的口袋，获得投资的新媒体中估值过亿元的超过 10 家，此外，单笔融资金额过亿元的有 4 家。当然，“一条”也身在其中。2016 年 7 月，“一条”宣布获得 B+ 轮融资，估值 2 亿美元。更令我们印象深刻的还有 2016 年年底，美盛文化以 2.17 亿元收购同道文化 72.5% 的股份，1988 年出生的同道大叔蔡跃栋在这次交易中套现 1.78 亿元，那天晚上不知道有多少新媒体人为此陷入沉思并失眠。此时，我们的命题已不再是“一个公众号如此值不值”“怎么开个微博聊星座也挣钱”，而是“还有哪些领域更容易获得资本青睐”。

2017 年开年，又有不少融资案例浮现，例如：

1 月 3 日，吴晓波的巴九灵获 1.6 亿元 A 轮融资，估值 20 亿元。在依托自媒体发展起来的创业公司中，巴九灵是目前国内公开数据中估值最高的。

1 月 4 日，十点读书宣布获 A 轮超 6000 万元融资，估值近 4 亿元。

1 月 5 日，“投实”的 6 人团队获 1000 万元 PreA 轮投资。

1 月 10 日，“硅谷密探”正式宣布获 700 万元 PreA 轮融资，估值 5000 万元。

1 月 13 日，“年糕妈妈”宣布获 6000 万元 B 轮融资，称月流水最高超过 800 万元。

这些追逐的背后，是爆款的数据在支撑。例如，很多年轻女孩儿都跟着她买衣服的张大奕。短短半年的时间，张大奕的微博粉丝从 25 万人涨至 400 多万人，所经营的淘宝 C 店是 2015 年双 11 网红店铺中唯一挤进女装类目榜单的店铺。2014 年，张大奕创造了单店上亿元的年销售额。

从微博短视频起家红得发紫的papi酱，仅微博粉丝就有2189万人，发布的短视频在微博、微信及各大视频平台都拿到了漂亮的成绩单。

公众号界的网红咪蒙的走红始于2015年下半年，短短数月，“咪蒙”从一个名不见经传的情感号，实现迅速逆转，敲碎了红利期后大势已去的言论，各项数据扶摇直上，广告报价一直处于行业中上水平，2016年7月时大致为头条45万元、二条22万元。

如此种种，都成为爆文之外的行业热门，不断刺激着众人的神经。在这些爆款传播案例面前，占据超级流量的自媒体也能成为一方平台。去中心化、多平台分发成为趋势所向。度过2016年大丰收的一年，行业面临重新洗牌，一些自媒体不再满足于单一的内容生产，而是探索更多可能性，例如，投资其他自媒体，布局自己的传播矩阵，向垂直领域的MCN转型，寻求内容的迭代升级。

（1）首先是内容表现形式的升级，或者说介质的迭代。

单一的图文表达已经不能满足受众多样化的需求。2016年，直播、短视频成为两个风口，被不断提及。尤其在2016年上半年，数百家直播平台如雨后春笋般快速崛起（如图1-3所示，来自2017年内容创业白皮书），人们纷纷猜想这个行业的巨大前景和可能性，资本也争前恐后抢占一方高地，等待行业“独角兽”的爆发式出现，如王思聪、黄晓明、张泉灵。

图 1-3

2016 年，除了偶像明星与企业家，各行各业都有人涉水直播，如身后跟着一票年轻粉丝在 B 站玩直播的局座张召忠、进驻映客直播《欢乐颂》发布会的刘涛、直播王健林一天的鲁豫……再如 papi 酱直播广告拍卖、杜蕾斯直播“百人试套”营销，都在当时引起了不少关注。不仅如此，腾讯、网易等新闻客户端及淘宝等电商平台也进入直播时代，纷纷推出直播功能。

但目前来看，其中相当一部分直播平台可能都陷入瓶颈。此前参与混战的光圈直播，不久前被爆倒闭，留下 300 万元欠薪和失联的 CEO。如果由此说直播形势正在急转直下，倒不如说直播行业正在快速更迭洗牌。作为一种很多可能性还远未被挖掘的内容传播形式，直播一时的失利不会是退场的前兆，反而可能预示着竞争激烈的直播大战就快要见分晓，而冲出重围的“独角兽”还有机会揭竿而起，卷土重来。但在这个过程中，如何增强直播内容质量的可控性，建立一种可持续的优质内容输出机制，如何做内容的留存和再开发，以及寻求更清晰的盈利模式，可能是需要思考的问题。

与大部分娱乐直播平台不同，倚靠淘宝生长起来的直播平台是另一种情况。

在手机淘宝中，淘宝直播定位于“消费类直播”，只是阿里创作者售卖商品的一种形式，以转化变现为主，主播可以在直播中添加和直播相关的商品，观众可以边看边买，没有“刷礼物”这样的环节。主播分为网红KOL、红人店主等不同类型。比较典型的淘宝红人直播有张大奕，淘宝明星直播如柳岩，还有很多淘宝草根直播。

据此前采访阿里创作者“Alice 桃”了解，淘宝直播的门槛很高，比如要求微博达到一定的粉丝数，要上传视频，如同“面试”，由此可见直播内容也比较好管控，遇到喜欢的创作者，粉丝黏性高，重复购买的可能性很大。“Alice 桃”还告诉我们，她的直播转化率大约是点击量的 5%，平均每场直播都有 1 万人左右观看：“收入的话，红人店主可能每天就有十几万元，像我们这种个人没这么多，大概一天几万元。每天都要跟商家对接、选品、争取优惠秒杀活动，每天可能需要十几个小时，比上班要累得多。”

与直播类似，短视频是近两年最被自媒体人和投资人看好的内容方向。

先是 2016 年初花式吐槽的 papi 酱蹿升为微博最大短视频网红，获得 1200 万元融资，虽然后来无疾而终，但当时的广告拍卖还是吸引了业内的极大关注，很多人因此记住了丽人丽妆。在每月推出的网红排行榜中，红了一年的 papi 酱依然能够拔得头筹，力压套现 1.78 亿元导致同行焦虑失眠的同道大叔。

在此之后，“一条”“二更”“一下科技”等众多短视频创业的融资消息，还在不断刷新融资史上单轮融资金额的记录。各家短视频平台也纷纷曝出自家数据。

据一下科技旗下短视频平台推出的《2016年短视频内容生态白皮书》：秒拍视频日均播放量由年初的3.4亿增长至20.4亿，涨幅超过6倍；秒拍上入驻超过3000位明星，超过10000名网红、媒体、垂直大V等，日覆盖用户超过7000万。

二更视频的数据也相当励志。截至2016年11月，创业才两年的二更视频播放总量已超过50亿次，日播放量在不足一年的时间内增长了10倍，称得上巨大的短视频流量入口。

更垂直细分地看，以美食类视频为例。根据数据统计，在2016年前3个季度，美食类视频播放增速远高于全平台的平均水平，是平均水平的近2倍，总增速高达468%；美食视频的内容虽然仍以烹饪教学为主流，但是美食+搞笑、美食+旅游、美食+教育的跨界玩法多种多样。

而从内容营销的角度来看，比如淘宝此前推出的内容平台“淘宝二楼”，也是运用短视频介绍商品的形式。“淘宝二楼”称得上淘宝2016年在内容营销方面最抢眼的一项尝试。第一夜的短片是关于鲅鱼水饺的故事，据悉，鲅鱼水饺的商家在活动开始1小时后销量猛增，截至第二天上午10点，销量翻了150倍。

很多人说，短视频的黄金时代来了。各家平台也纷纷加入短视频内容的争抢大战，推出资金和资源倾斜来吸引短视频内容创业者。不过，与直播类似，短视频同样有一些需要直面的短板。相比较图文时代的小规模创作，短视频背后需要付出的成本就高得多了，能否在一开始就有明确的商业规划，成为值得思考的问题。

（2）其次是商业模式的迭代和探索，也就是“内容变现”，这也是自媒体发展的核心问题，将在下一个部分详细阐述。

（3）最后是企业布局和产业格局的迭代。“同道大叔”“李叫兽”先后出售自媒体公司套现，2017 年随着产业资本的介入，自媒体迭代洗牌会更加频繁。

除了内容的重要性愈加突出，还有一个直观的感受是：平台越来越多，内容不够用了。

2016 年各大内容平台继续调动资金鼓励内容创业。淘宝、京东、UC 浏览器、手机百度、Wi-Fi 万能钥匙等工具型平台也加入到争夺内容的行列，推出重磅的扶持政策，鼓励内容创业，如图 1-4 所示。这些工具类互联网产品在黏性上可能不如其他一些天生内容平台，但凭借巨大的流量优势开拓了新的营销渠道，如手机淘宝开通“创作者号”，请阿里创作者为商品导购，实现内容和店铺的双赢。

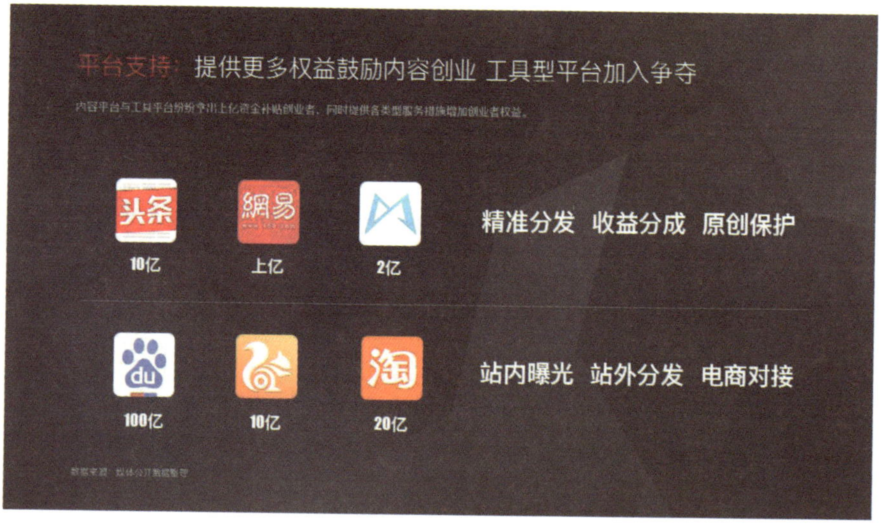

图 1-4

微博、微信已不是唯一的内容传播渠道，或者说自媒体内容越来越讲究“全平台分发”。所谓的平台不仅包括数不胜数的自媒体平台，还包括各类视频网站，淘宝、京东等电商平台，以及知乎、简书、豆瓣、论坛、贴吧。然而，优质的内容始终稀缺，一些优质的文章会被大量转载。笔者对微信公众号原创转载生态进行了系统观察和分析，发现在 2016 年 4 月全样本数据（813 万个）中有 4.3 万个账号转载了 14.7 万篇原创内容，共涉及 2.3 万个转载源账号。通过数据分析发现，这 2.3 万个转载源账号凭借强大的生产力，成为新媒体环境中人人皆爱的“源头活水”。也正是这批笔耕不辍的“内容创业者”们，以其精准定位、优质内容和稳定的输出，为这个时代提供精彩纷呈的内容素材。

不仅仅在微信公众号上表现出内容的转载共享，优质的内容也会得到各大平台的竞争转发。而且，一些自媒体也在这个过程中找到了更适合自己的平台。例如，在微信公众号难展拳脚的自媒体，放在微博上可能会成为网红、段子手；在微博上并不出彩的博主，或许能在淘宝等更多平台发挥特长，实现自身的价值。

此外，还有一个难以绕过的话题——内容在发展的过程中面临的风险，参考当前发生过的一些案例，已经能得出不少经验教训。

（1）第一个“坑”是违规被封甚至注销，对很多自媒体来说称得上终极惩罚。

2016 年 7 月 7 日，拥有 300 万粉丝的自媒体账号“读悦文摘”被强制注销，原因是“涉嫌侵犯他人合法权益”。300 万粉丝大号被直接注销，在微信公众号发展史上尚属首次。

再比如违背《即时通信工具公众信息服务发展管理暂行规定》（业界简称“微信十条”），被网信办整顿查封的一大波公众号。从目前被查封的情况来看，大多数账号被封的原因包括“未经批准违规登载时政类新闻”“恶意用标题及标题图片博取眼球”“发布虚假信息”等。由于《即时通信工具公众信息服务发展管理暂行规定》要求公众账号不得擅自发布时政类新闻报道，这让很多没有相应资质的自媒体频频中招。

各个平台都有各自明确的规范守则，违反的自媒体很容易在一夜之间失去阵地。即便是对于遵守规范的自媒体，也会在内心为此保留红线，毕竟一朝不慎，经年累月的熬夜码字可能就付诸东流。不过也因为如此，选择多平台分发，或开发自己的网站和 APP 也成为不少自媒体的选择。

（2）第二个“坑”是抄袭侵权，也是最常见的，直至如今依然是各个平台在尽力规范的方向。

其中包括原创内容侵权、名称侵权、头像侵权等多种形式。比如漫画号“喃东尼”，这个号在 2016 年因一组主题为“友谊的小船说翻就翻”的漫画爆红社交网络，大量的公众号借此发文，但很多人不知道的是，当时创作者喃东尼为大量的抄袭侵权而伤透脑筋。

不过值得看好的是，各个平台都在为此采取措施，如淘宝的内容管控机制就非常严厉，据“虎扑—识货”的手淘项目负责人介绍，淘宝有维护原创者权益的机制，且相当严格，“我们之前举报过，对方直接被封号了”。

（3）第三个“坑”来自盗号，而且盗号形式还不断变化，令人防不胜防。这是历史上有账号密码以来就存在的一个问题。

（4）第四个“坑”，要归于自媒体自身的管理。

随着自媒体行业的发展壮大，原先独立写作的运营者陆续组成自媒体团队，迅速发展为小作坊式的公司。这种壮大对内容的可持续生产和开拓都有极大的帮助，但相应而来的，是因为一些管理问题导致账号被封被盗的乌龙事件。例如，员工私自利用公司号为个人号导流、过分依赖单一员工导致人走号亡，以及主体归属不清带来的种种尴尬，等等。

1.2.2 内容的变现

内容变现是内容创业领域的永恒话题，也是很多自媒体人始终在探索的方向。

（1）广告仍然是最常见的变现手段，内容营销是趋势。

2016 年公众号广告询价数、成交单、成交金额持续增长。公众号的广告价值已经获得市场认同，市场份额在不断扩大。与此同时，品牌广告露出的接受度也在经历用户的考验，内容营销会是未来的趋势，这一点从 2016 年金榜奖的获奖案例中也能看到：MINI 中国打造了“从文艺青年到新绅士”的话题，同道大叔为唯品会绘制了专门的星座漫画，明白学堂与杜蕾斯推出了联名款安全套，新世相与航班管家策划了 2016 年的刷屏事件“逃离北上广”，意类广告和手机淘宝的一千零一夜……都是从内容营销角度切入的成功案例。

（2）2016 年有更多的自媒体开始试水内容电商。

笔者曾抽样统计了新榜指数 800 分以上的 5269 个公众号，其中有 718 个在做电商。也就是说每 7 个微信大号就有一个在做电商，这个数据相比较 2015 年的寥寥个例，显得十分突出。

不仅如此，自媒体卖货的类型也随着消费需求的升级而变化。除了书籍、母婴育儿、护肤美妆、服装鞋包等销售较好的几大品类，更多创意小众的销售也在进行当中。例如，在自媒体“出租六回”中，自媒体人六回以 66 元起步价出租自己。

与此同时，当前内容电商的消费需求正在打开，用户需求激增但运营门槛高，供应链是很多自媒体面临的最大难点：内容创业者需经受产品质量和产品特色的考验，与传统电商平台展开竞争，在选品、策划、文案推广等方面形成差异化，如图 1-5 所示。

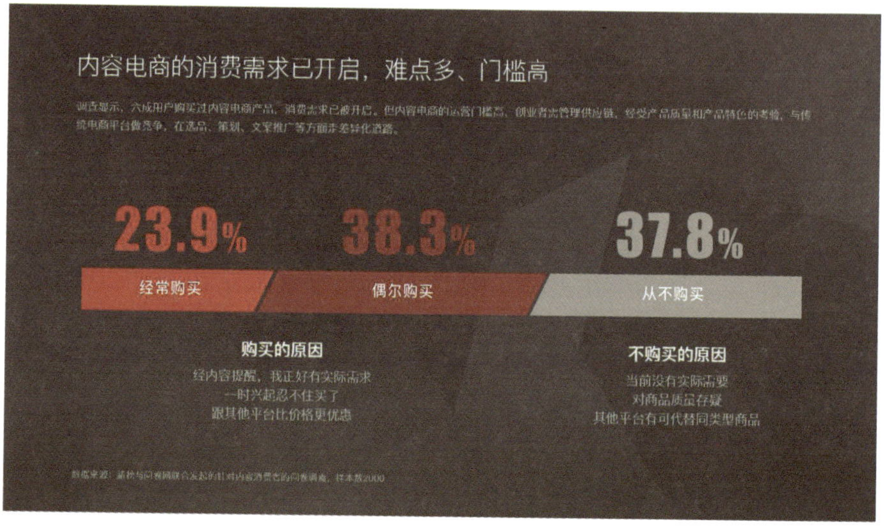

图 1-5

视频类美食自媒体小羽私厨就曾分享过他们开始尝试内容电商时遇到的一系列困境：“我们卖得多的时候，单一产品每天可以卖出几千件，供应商就慌了，供应商只想到怎么把它卖出去，但是没想到怎么发走，结果我们一个商品一晚上卖了 4000 件之后，供应商发不出去了，用了 7 天时间才发走。我们团队就崩溃了，总共 6 个人，每天都在回应什么时候发货。这可能是到一定规模后都会面临的问题。我们做过一个测算，任何产品一旦卖到 500 件以上，就必须有自己的仓库和管理人员。”

（3）多平台内容变现成趋势。

随着越来越多的平台加入这场内容抢夺战，自媒体江湖的内容高手们有了更多内容变现的空间。除了微信、微博等自媒体平台，具备更大流量和资源优势的工具类互联网平台成为自媒体人的尝试首选，如阿里创作者、飞猪创作者。

据了解，阿里创作者目前主要通过两种方式实现内容变现。一种是基础的 CPS（按成交分佣）、CPC（按点击分佣）变现模式，通过阿里妈妈选定商家品牌，在申请到的全渠道进行发布，如果得到淘宝的推荐及用户购买转化，将获得佣金分成；另一种是通过认领“阿里 V 任务”，完成商家的指定广告任务，按任务报价结算，实现内容和品牌的对接。除了从内容导购中获得电商转化，商家也能凭借创作者在淘宝头条的传播影响力，完成一次深度的内容营销。

与更早入驻的草根阿里创作者相比，自媒体人在内容创作方面普遍有先天的优势。凭借对传播的熟练和对内容的直觉，自媒体阿里创作者推荐的优质内容，对用户来说也更具备吸引力，同时容易得到淘宝资源的推荐。在 2016 年 10 月的采访中，拥有 50 万公众号粉丝的“智选车”在全网 20 几个平台做内容，其中包括淘宝、京东等电商平台。据他介绍：“从微信到淘宝，发的内容和需求都有不同。我们是汽车行业，在微信很多内容都是整车，在淘宝除了整车，有很多汽车用品的商家也来找，所以需要编辑写一些与汽车用品相关的帖子。除了内容，商业模式也不同，在媒体平台与很多厂家合作都是讲阅读数曝光量，在电商平台除了广告的推广，更多涉及 CPS 这块。淘宝对佣金设定非常灵活，也能直接与商家交流，方法比较灵活。与微信不同，淘宝这个生态，首先人群不同，媒体的平台主要是资讯消费者，但进入手淘的人一定是来买东西的，顺带看资讯。我们在微信上也做电商，比如卖整车，但用户对微信支付还是有心理门槛，后来我们把订金设置成 199 元甚至 0 元，把用户导到线下成交，但在淘宝，应该没有这个问题。现在看来，这个机会点是出现了，这么多有一定专业经验且成本较低的创作者在里面，商家可以产出一些内容，还可以借力这些创作者。换句话说，原来是商家去买直通车、广告位，现在是通过内容的方式，更灵活了。”

由此可见，淘宝这类电商平台的后来入驻，确实为自媒体人的内容变现打开了更多渠道。

（4）2016 年成为知识付费的爆发年，内容付费虽不是新概念，但成为新热词。

2016 年上半年，“在行”推出的社交型知识社区“分答”成为刷爆社交网络的现象级产品，通过付费提问、偷听回答等方式，分答吸引了大量明星、大 V 入驻，其中包括 papi 酱、罗振宇、王思聪等。2016 年 6 月推出的“分答”收入排行榜，王思聪不负众望，以 23 万元的收入傲视群雄，回答的问题从网红、算命到投资、择偶，可谓来者不拒。那位向他提问“你的人生还有什么买不起”的网友，都躺着赚到了上万元分成。

此外，问答社区知乎推出了 live 产品，用户只要花 9.9 元就能向大 V 提问；音频平台喜马拉雅 FM 推出了付费收听产品《好好说话》，一天之内 25000 人掏钱买单；罗辑思维的“得到”APP 相继推出了年费 199 元产品《李翔商业内参》《通往财富自由之路》，前者一天卖出一万多份，订阅额超 200 万元，后者在不到 5 个月的时间卖了 2000 多万元，如图 1-6 所示。

图 1-6

大幕既已拉开，之后还会有更大的想象空间。随着内容行业的发展和迭代，内容创业者正面对着更广阔的世界，错过红利，自造红利，不断打破固有的思维僵局去探索，一定会获得这个时代独有的馈赠。

2

新媒体人如何拥抱内容

本章要点：

* 消费升级带来的心智变化
* 为什么是淘宝
* 如何创作有灵魂的电商内容

2.1 消费升级带来的心智变化

在阅读本章之前，请随笔者一起想象下文的几个场景。

场景一

去超市购买生活用品，超市巨大的货架一列列地展现在你的面前。你怀着兴奋的心情打算开始一次精明的购物之旅。你似乎已经可以感受到购物车堆满的满足感。第一步你打算购买一份家庭装的沐浴露，信步上前——你被眼前的景象吓到，你呆立货架前无助地左右扫视，这几百种品牌不同，功能接近，包装纷繁的沐浴露到底该怎么选？

于是，你开始寻找四周有没有导购。

场景二

这是一次愉快的闺蜜下午茶聚会，姐妹们在咖啡香和爵士乐中讨论着某个高端品牌的粉底液。这是一份你中意已久的商品，可 800 多元的售价和 30 毫升的容量让你一直踟蹰。你纠结的点很多，但最核心的一点是“值不值得买”。此时闺蜜 A 神秘一笑说“看我的脸今天有什么不一样吗？”接下来闺蜜 B、C、D 和你像发现了新大陆一样，“哇，你的脸今天好水嫩！今天的妆好自然！”“哇，该不会你用的是那个！”

对，闺蜜 A 用的就是你中意的那款粉底液，看到闺蜜 A 脸上的效果后，你默默地下了订单。

场景三

这次你是一个“码农”，糟糕的品位和数量寥寥的 T 恤让你没有勇气去见一见最近在社交软件上认识的“金融女白领”。尽管在她的想象中，你是一个在 BAT 工作的高端程序工程师，收入和你的个人品牌成绝对的正比关系。为了让你们的约会不至于毁在外表上，你打开淘宝，然后在搜索框输入“潮流 T 恤”。然后映入眼帘的是几百张 T 恤缩略图，其中有不少就算用你现有的品味都觉得丑的 T 恤也打着“潮流 T 恤”的旗号，作为程序员的你一定懂得，这些都是蹭关键词的商品。

接下来，你尝试从多个维度筛选，如销量最高、价格由高到低，等等。可是随着筛选的深入，你似乎感觉到了一丝绝望——买个衣服怎么能这么累？

改变

以上场景你一定遇到过。

作为消费者，面对的是巨量的品牌、产品。这使得消费者购物行为面临无数的选择。20 世纪 90 年代对中国消费者影响最大的是电视广告。21 世纪头十年，随着互联网的爆发，影响消费者选择的是互联网广告。

但广告终究还是广告，因为管理的不严格，各种虚假广告使精明的消费者产生了一种“免疫能力”。尤其是新兴的中产阶级，他们对各类广告投出了“不信任票”。

可消费还要继续，选择也还要继续。不信任广告还能信任什么呢？

于是，他们为了更换一部相机，不惜翻阅几十个不同的测评网站。

于是，在不知道今年新款春装是否适合自己的时候，去看别人的试穿帖子。

于是，她们在看某明星身上的搭配时，去疯狂地寻找“明星同款”，这样的例子还有很多。

2.2 为什么是淘宝

淘宝，从中嗅到了用户的“痛点”，淘宝开始改变了。

2.2.1 从“给你足够的商品买个够”变成了“让我给你购物建议吧”

商场里开始出现了导购员。

服装卖场出现了热心的搭配师，为你量身定制专属于你的 Style。

更有无数的人帮你试穿、试用，然后把结论告诉你，减少你的选择成本。

万能的淘宝更有活力了，它更像一个人，永远都知道你要什么。它能把你想到的、你喜欢的、你最近关注的展现在你的面前。

这就是今天，由“淘宝头条、必买清单、猜你喜欢、有好货、爱逛街、每日好店、淘宝直播、微淘”等功能组成的淘宝——一个懂你的淘宝。

2.2.2 成就这一切的人们——阿里创作者

上文所描述的一切，有一些是可以通过技术手段实现的，如“猜你喜欢”。通过消费者最近的购物行为，定义标签，然后将同标签的商品推给消费者。 但技术手段总是有局限性，系统如何判断一个消费者在这次购买了一件“潮流 T 恤”，下次就一定还购买“潮流 T 恤”呢？

从上文的例子中可以看出，影响消费者选择的有以下几点：

（1）导购的讲解和推荐。

（2）朋友买了，我也要买。

（3）某明星穿了，好漂亮，我也要穿。

（4）那个人搭配好漂亮，我也要那样搭配。

（5）那个人是专家，他推荐的东西一定不会错。

实现这 5 点，核心在于人，因为需要人去传达。如果只是通过系统去实现，那么除了接广告商的投放外，似乎还没有 AI 能做到用人类的自然语言去描述一个商品。

在这个背景下，阿里创作者出现了。她们肩负着这些导购内容的产出。她们自己会成为一个符号，让其他消费者从她身上学习，从而影响消费者的选择。她们是“专业”的代名词。

在互联网 1.0 时代，导购内容其实也是有的，但都是有各个平台自己的编辑人员采集或者创作。难免会出现“为钱说话”的情况，从而变成“广告”。

在互联网 2.0 时代，互联网上的广大用户可以自行创作内容并发到网上。他们在贴吧和论坛中把自己的购物经验或者感受写出来让大家看。其中有些人因为专业的文笔，或者是漂亮的写真照片而获得用户的喜欢。有越来越多的用户会去咨询她们的意见，她们会耐心地回复。因为她们的行为和专业度，使她们获得了名气，成为了标杆，成为了购物界的“意见领袖”。

在“意见领袖”的权威下，再通过互联网的传播，她们的影响力飙升。

她们的行为、文字，成为了购物的“绝对指标”，最重要的是她们获得了用户的绝对信任。

这意味着她们获得了巨大的商业价值，无数的消费者将围绕在她们身边。

她们是活的，是有灵魂的，是能和消费者贴近的。她们是消费者的朋友。

接下来，就谈一谈如何产出这样的内容，让消费者也围绕在你的身边。

2.3 如何创作有灵魂的电商内容

首先，请记住这句话“你是活的”，活人是有“灵魂”的，才可以融入这个世界，才可以有更多的可能。

好的内容，就像是有灵魂的美丽衣裳！

如何才能打造一个“活人”呢？

2.3.1 人设

回忆身边让你印象最深的朋友，你想到的朋友是不是都拥有鲜明的性格？

同理，想要被人记住，你就需要有鲜明的特点，被消费者识别和记忆。

“路上有一百个电线杆，忽然有一个电线杆对你说话，你除了被吓得不轻外，我相信你这辈子都不会忘记这一幕”。

会说话，就是那根电线杆的特点和人设。你还可以想一百个这样的例子，只要你真的遇见，你就获得了“永世难忘”的体验。

下面介绍几个“人设”的方法。

（1）人设可以只是一个点，如会说话的电线杆、会跳舞的狗、会变色的毛衣，或者一个暖男。

（2）人设也可以很复杂，但消费者能记住的一定没有你设定的多。如

“凤姐”，一个集“特殊外貌和优秀文笔，传奇人生”于一身的奇女子，你记着的是哪一个呢？

（3）活人是可以与其他人交流的，交流方式不限。也就是说，你要主动且及时和用户互动。

（4）人设不限形式。人设是一个很全面的东西，作为内容产出者，你要有你的人设。你产出的内容，也同样拥有“性格特点”。只是这些点，是辅助你的形象更加“鲜活”和“丰满”的。

（5）人设确定了就需要坚持下去，并保持高度统一。这一点是基于互联网的特点去说的，毕竟“会说话的电线杆”你不可能天天见。很多先驱者和创作者已经存在，他们创作了丰富多彩的内容。你要被消费者记住，就需要学习过去的广告的打法，让你的特点重复出现。直到任何人看到这个特点，第一时间想起你（你会经常想起那个会说话的电线杆，在看完这篇文章后，我提起了它五次，你的脑海里，是不是已经深深地印下了一根会说话的电线杆呢？对，我又说了一次）。

（6）灵活，如果撞了南墙，记得及时回头。

2.3.2 圈定自己的方向

人们的生活是丰富多彩的，接触到的商品也是不计其数的。作为一个创作者，在面对海量商品时只可能去耕耘一个品类，或者说特定品类下的某一点。比如不久前著名的“小黑裙”，从名字就能听出它是干什么的，一个专门经营女性黑色裙装的电商网站。

之所以说专注一点，原因很简单。

（1）你的精力有限，有限的精力去做一件事儿才会有吃透的可能。

（2）“专注细分市场”，你只是单兵或小团队作战，集中力量突破，会有四两拨千斤的效果。

（3）做一个“专家”，“专家”绝大部分都是特定的一个领域的。

（4）圈定好自己的专注领域，就能划定自己的目标群体。

2.3.3 定义你的用户

因为消费者的需求多样，才会有海量的商品去满足消费者的不同需求。每一类商品，对标的是一类用户。如 BB 霜 99% 的用户是年轻的女性。所以，定好了自己的领域时，就能推测出自己的用户群体类型。

在确定用户群体后，再去做用户画像，难度就变得小了许多。

同理，有了用户画像，就能更好地分析出用户需求。

明白了用户需求，在对用户服务时自然会获取收益。

2.3.4 运营

运营是一个可大可小的词。笔者将“阿里创作者”定义为一个产品，这个产品又包含 IP 产品、内容产品等，所以，“创作者”适合大部分运营工作的三个指标就是拉新、留存、促活。

拉新：为产品带来新用户或流量，用话题事件营销，或者通过微博、微信、SEO、SEM 等手段去实现。

留存：留住用户，让用户留下来真正去使用（阅读），数据方面笔者会关注留存率，如次日留存、七日留存等。

促活：让用户愿意频繁与你发生连接关系，通过数据分析用户喜好，抓住其痛点，增加黏性，可以用等级设置、激励体系等增加长期活跃性。

具体操作如下：

（1）建立个人的新媒体平台（如微博、微信的内容建设），包括内容和专题策划、选题、执行，跟踪推广效果，整理分析数据并反馈。

（2）把握新媒体运营的整体风格和个性，开展阶段性的线上活动，跟踪推广效果。

（3）及时掌握行业资讯和新闻热点，不断研究运营手段与推广模式。

（4）品牌、产品的营销策划与市场推广。

（5）增加粉丝数量，提高粉丝活跃度。

运营工作就是打杂，针对大部分运营人员来说，文案、设计不说精通但必须能够有一定的掌握。只要你选择进入“创作者行业”，不管内容、管理还是运营，都需要全身心的投入。作为在第一线直接与用户或客户接触的创作者，必须保持对瞬息万变的市场有一定的嗅觉，及时获取最新信息。

做事做全套，笔者希望你能把上述几点套用在自己身上，然后尝试去做一个属于你的创作者账号，从实践中去验证笔者所述的一切。在瞬息万变的市场中，笔者不一定是对的。笔者相信你们一定可以摸索出自己的套路。

3

商家如何拥抱图文内容

本章要点：

* 商家与创作者之间的关系
* 商家如何拥抱内容——运营流程篇

3.1 商家与创作者之间的关系

2016 年淘宝一直在强调要走内容营销路线，2017 年更是召开千人大咖会议，直播盛典会议，把内容营销推上一个高峰，平台结合手淘无线大趋势，先后把微淘、社区、创作者、视频直播等渠道推到众卖家面前。但现在，摆在不少卖家面前的难题是，没有粉丝社群，也没有内容运营能力，怎么去玩手淘内容营销？如图 3-1 所示，达人学院是官方的培育机构。

淘宝大学 Taobao University | 达人学院

淘宝大学 Taobao University | 达人学院

图 3-1

3.1.1 如何寻找创作者

“优质”的阿里创作者集中在哪里？这是一个截至目前不断在讨论的话题，无论走到哪里，商家都在问创作者从哪里找。其实创作者一般分布在渠道、创作者机构、V 任务发布平台、创作者社群、推荐这 5 个入口。既然了解了分布在这几个入口，那么我们就分别从这几个入口进行分析，让大家更方便地找到合适的创作者，可以为产品和品牌服务的创作者。

1．平台渠道入口

以前淘宝是卖货的平台，现在淘宝转型变成卖“人”的平台，因为生动的“人”的信任度远远高于冷冰冰的商品图片，而买家更愿意与人互动，这也是为什么生意的本质是人的信任，只有用过这种转型才能回归生意的本质，才能解决新流量引入匮乏的窘境。这些人所在的流量入口，称为渠道，如图 3-2 和图 3-3 所示。

图 3-2

图 3-3

淘宝头条、爱逛街、必买清单、有好货、直播、短视频等都是创作者的入口，有经验的人可以从淘宝首页看到更多的创作者流量入口。

以上这些也是创作者分布的入口，还有更多的入口，我们就不一一举例了。大家有时间可以去手机淘宝首页看一看。

2. 创作者机构

阿里创作者 MCN 机构公司、签约创作者，擅长图文内容生产，如自媒体、时尚博主、专业领域意见领袖等。创作者机构分为图文类、直播类、视频类、红人类四种，机构可以提供千万级的流量市场。手淘核心资源为内容输出，如淘宝头条、淘宝直播、爱逛街、有好货、必买清单等。可通过阿里创作者机构接触创作者，形成深度的合作。商家可根据自己的需求找到相对应的机构，如图 3-4 所示。

图 3-4

3. 创作者任务发布平台

下面介绍阿里 V 任务，以及如何开通阿里 V 任务，如图 3-5 所示。

图 3-5

阿里 V 任务是阿里官方内容推广平台，使创作者与商家在平台对接，提供创作者按任务与商家进行合作的内容变现方式。

创作者希望：

(1) 有稳定的渠道，与商家建立可持续的合作关系。

(2) 有更多样的内容变现方式。

创作者可以为商家提供如下内容：

(1) 高质量的原创作品。

(2) 高活跃的粉丝群体。

(3) 多元化的内容推广渠道。

阿里 V 任务的特色如下：

(1) 优质商家的资源可以无缝对接，天猫、淘宝，甚至以后的阿里巴巴诚信通平台都会聚焦在这里，在这里可以与更多的创作者进行多样化合作。让创作者找到商家、商家找到创作者更容易，如图 3-6 所示。

图 3-6

(2) 商家在这里可以看到创作者的报价，以及接任务的交易量，一个任务一个报价，按照单笔或者打包任务付费。同时，创作者官方也会根据创作者的内容，以及粉丝在手机淘宝和微淘上的活跃度给出一个参考报价，而且创作者也可以自主修改阿里 V 任务报价，根据自身的粉丝量、内容创作能力等进行自主报价。最后的任务交易，以创作者的最后报价为准，如图 3-7 所示。

图 3-7

（3）支持多样性的商家内容创作需求，按照阿里 V 任务模式合作，不依赖特定商品，不仅限于内容创作方式，如有颜值看直播、有团队做视频、有文笔写帖子、有眼光挑清单等，如图 3-8 所示。

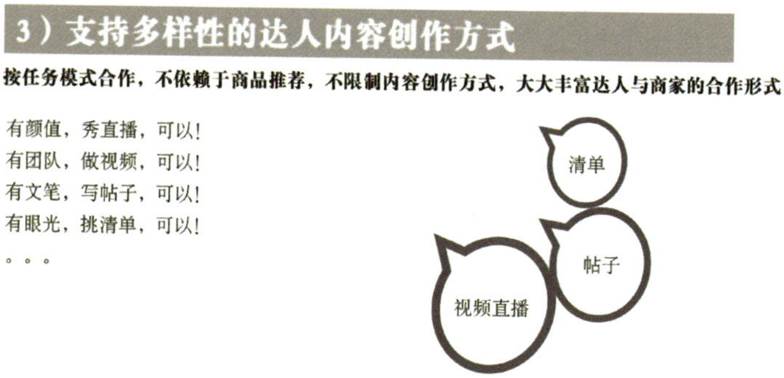

图 3-8

（4）阿里 V 任务还与淘宝大数据结合，把创作者的个人主页用数据的方式展示出来，披露创作者的账号运营情况，同时也披露创作者的粉丝特征，提供创作者的日常运营方向，给商家更多的参考信息，把创作者的价值更多地展示出来，如图 3-9 所示。

图 3-9

开通阿里 V 任务的步骤如下：

（1）登录 https://v.taobao.com，输入淘宝账号和密码。

（2）完善相关资料信息，如图 3-10 所示。

图 3-10

一定要好好填写你的资料，这直接影响到商家是否找你合作、你是否有任务接、是否可以赚取更多的任务酬劳。在 2017 年，阿里 V 任务上线个人主页功能，帮助商家选择合适的创作者，创作者填写的案例等信息将展示在上面。

温馨提示：如果你可以提供发票，请选中“提供”单选按钮，如图 3-11 所示。

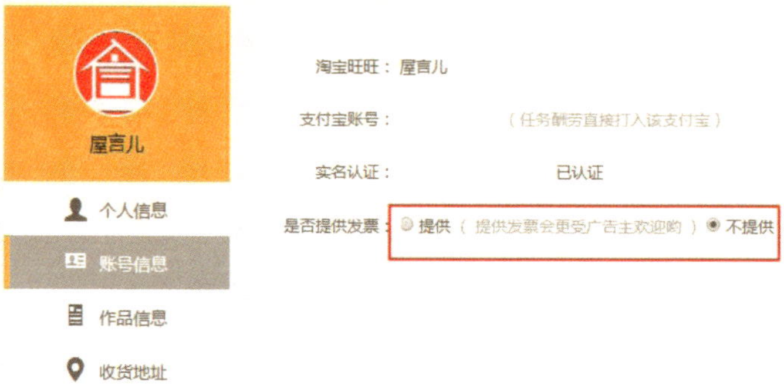

图 3-11

（3）确定接任务的报价，如图 3-12 所示。

图 3-12

商家是按照你的报价来付任务酬劳的，请慎重评估。

设定好阿里V任务之后，需要怎么玩转V任务平台呢？如图3-13所示。

图 3-13

如果是以卖家账号入驻的创作者，那么，同一个旺旺账号，既有创作者身份又有商家身份。

首先，先确定你想用的身份，即以后在阿里V任务平台上，是用创作者身份（接任务，完成商家需求）还是用商家身份（发任务，寻找更多创作者合作）。

其次，首次用账号登录da.taobao.com时，一定要选择对应的身份角色，如图3-14所示。

图 3-14

选择身份后，不支持更改。

如何在阿里V任务平台找到优质创作者？可以进入创作者筛选列表页，通过领域、渠道、粉丝数、阅读数等指标进行筛选；还可以通过搜索创作者昵称，直接找到想合作的创作者，如图3-15所示。

图 3-15

如图 3-16 中框选部分就是创作者昵称，单击创作者昵称可以进入创作者主页，查看更多该创作者数据。

图 3-16

4. 社群

社群一般解释为地区性的社区或者用来表示一个有相互关系的网络，社群可以是一种特殊的社会关系。在这里可以理解成旺旺群、钉钉群、QQ 群、微信群等。通过这些创作者群把创作者收集整理过来，对店铺和产品进行匹配，如图 3-17 和图 3-18 所示。

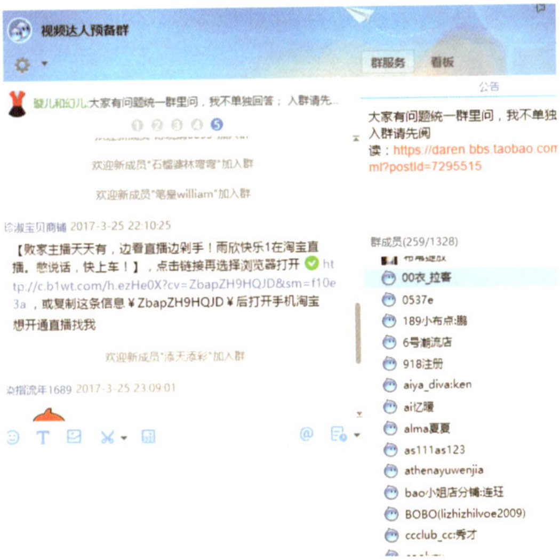

图 3-17

图 3-18

5. 合作关系推荐

朋友之间互相推荐合适的创作者，可以起到事半功倍的效果，这样在合作初期就可以把信任度问题解决了。创作者与商家之间最难解决的一个问题是相互了解，但是如果有人介绍，那么这个问题基本就可以解决了，如图 3-19 所示。

图 3-19

3.1.2 如何判断合适的创作者

找到了创作者之后，如何判断这个创作者是否足够优质？是否有能力为我们的商品进行内容产出？很多商家心中都有这个疑惑，那么怎么解除这个疑惑呢？其实，可以从以下几个维度进行判断：创作者的粉丝数量、创作者的指数、创作者拥有哪些渠道、创作者专注的领域，以及创作者团队有几个人、团队的内容写作能力如何、团队人员对产品的理解能力如何，等等。这些数据都可以和创作者进行沟通，也可以从创作者账号上看到。只要我们进行预判，就可以知道创作者优质程度是否适合本店铺。

1. 创作者粉丝数量

粉丝数是一个考核的重要指标，也是创作者运营和创作能力的表现。如果创作者粉丝数非常低，那就需要慎重考虑这个创作者是否适合推广。

粉丝数怎么看呢？商家可以让阿里创作者在阿里创作后台截图。打开手机淘宝——淘宝头条，找到创作者账号，也可以看到创作者拥有的粉丝数，如图 3-20 和图 3-21 所示。

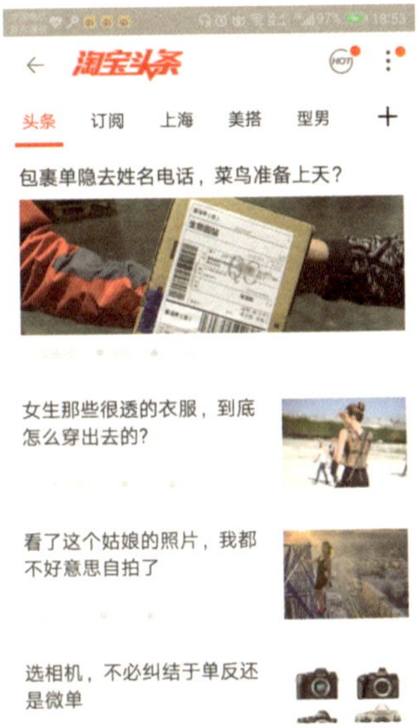

图 3-20

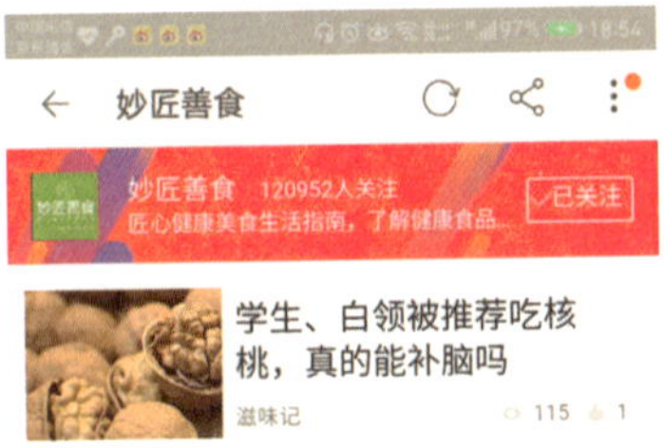

图 3-21

2. 创作者指标数

阿里创作者指数是一个很活跃的指数，其会随着每天阿里创作者内容的产出发生变化。指数越高，说明账号各方面的质量越高。在这里有这几个指标是对创作者指数有影响的，如图 3-22 至图 3-24 所示。

图 3-22

图 3-23

图 3-24

3. 创作者渠道

商家和创作者都知道阿里创作者渠道包含所有需求创作平台内容和创作者的业务方，如有好货、淘宝头条、爱逛街等，也包含各个业务方下设的一些频道模块，如有汇吃、极有家等。通过这些渠道可以了解创作者的情况，需要把产品在哪个创作者频道透出，就在哪个渠道找这些创作者，这是最精准的寻找路径。通过这些渠道可以判断出创作者是否适合自己的产品，如图 3-25 所示。

图 3-25

4. 创作者专注领域

阿里创作者的专注领域是根据创作者产出的内容属性自动匹配出来的，并不是创作者自己申请的。所以，在和创作者合作时，让创作者把创作平台的专注领域或者叫内容领域截图，通过创作者的截图看到匹配的领域，就可以了解这个创作者是否和自己的商品匹配，如图 3-26 所示。

图 3-26

创作者专注领域分为时尚车主、居家巧匠、户外行者、数码极客、文娱先锋、潮女搭配师、型男塑造师、美食专家、美妆老师、母婴顾问，以及其他。

5. 创作者团队

团队是判断一个创作者内容保障产出的重要指标，单枪匹马的创作者在内容产出上受到时间、背景、渠道、专注等方面的限制，所以，需要了解创作者专注的领域，以及创作者团队组合程度。

阿里创作者的归属感需要在达人学院进行提升，这是一个团队提升知识的海洋，并且有专门的学院讲师进行指导，对技能和专业度进行提升。商家可以在达人学院进行创作者的匹配，一边学习一边完成公司的内容推广，如图 3-27 所示。

图 3-27

团队的一个重要特征就是团队成员具有互补性。阿里创作者作为一个特定的团队，员工之间也具有互补性。笔者认为只有和创作者团队的配合，才能做到创作者和商家最大力量的发挥，这样才是对内容最大化的体现，才能提升商家和创作者的核心竞争力。

3.1.3 与创作者合作方式

经过前期的创作者寻找、匹配之后，商家和合适的创作者就要进行合作及内容交付方式的谈判。谈判主要涉及报价、交付方式及结算模式。这里报价的内容是最需要费时沟通的，涉及每篇文章的内容、篇幅的组合、上线的节奏等，需要和运营节奏进行匹配。与创作者合作能够最大限度地沉淀出内容阅读的访问深度、点击率、阅读数量等方面的数据。

1. 合作报价

合作报价，一般分为单篇报价和套餐两种形式，下面一一举例说明。

1）单篇：以阿里 V 任务为例

打开阿里 V 任务，发布普通任务，如图 3-28 和图 3-29 所示。

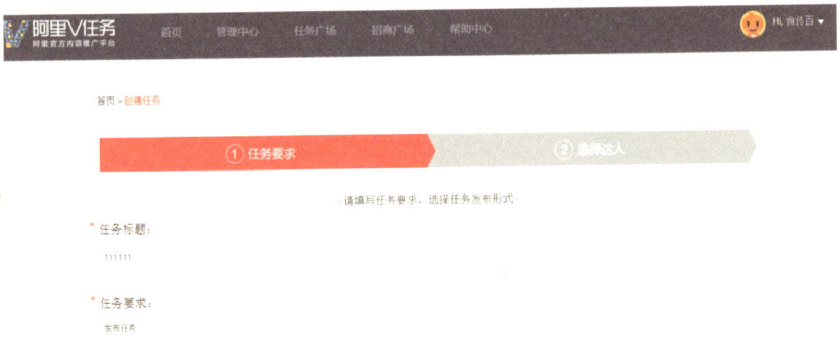

图 3-28

图 3-29

这里有一个“指定创作者”选项，也就是事先找到的或者需要进行二次匹配的创作者。还有一个功能是“发布任务到广场”，有广泛创作者进行承接，如果创作者愿意接受此任务，只需要单击“报名”按钮即可。商家需要做的是在阿里V任务后台对创作者进行审核。

2）套餐形式

以阿里V任务为例，在阿里V任务平台发布一个包月服务，设定好与创作者或者商家之间谈定好的总金额及内容后，发布此任务，如图3-30所示。

图 3-30

这里的任务描述，需要把任务的具体要求都表示出来，让商家和创作者更清晰地了解产出的内容和产出内容的标准要求，如图 3-31 所示。

图 3-31

套餐形式一般分时间、篇数两种类型。按照时间进行划分，如包月、包季度、包年的；按照篇数划分，如 10 篇、30 篇、100 篇。具体的篇数、投放时间及渠道，商家和创作者应商定好，如图 3-32 所示。

1款产品，佣金15%						
编号	**平台**	**展示渠道**	**内容类型**	**内容数量**	**预估阅读数量**	**预估进店数量**
1	淘宝	淘宝头条	文章	30篇	50000/篇	300/篇
2	今日头条	今日特卖	文章	30篇		
合计				60篇	300万	18000

图 3-32

2. 交付方式

商家和创作者还应确定文章产出的形式，如图文、直播或视频形式。这里图文又可以分为帖子、清单、单品 3 种表现形式。所以，按照详细的分类应该是 5 种形式，在设定创作者产出和透出渠道上要先确定交付方式，如图 3-33 所示。

图 3-33

交付的时间节点是交付方式的一个要素，这关系到整个营销的进度。时间节点包含主题、创作内容、内容确定、内容发布、状态跟进、反馈 6 个步骤。

3．结算模式

目前，创作者和商家的结算模式分为佣金模式（CPS）和服务费两种。佣金模式（CPS）分为定向计划、主推款佣金比例、全店佣金，如图 3-34 所示。

图 3-34

服务费需要注意两个要素：能上的渠道有哪些；每一条内容包含多少个产品，如图 3-35 所示。

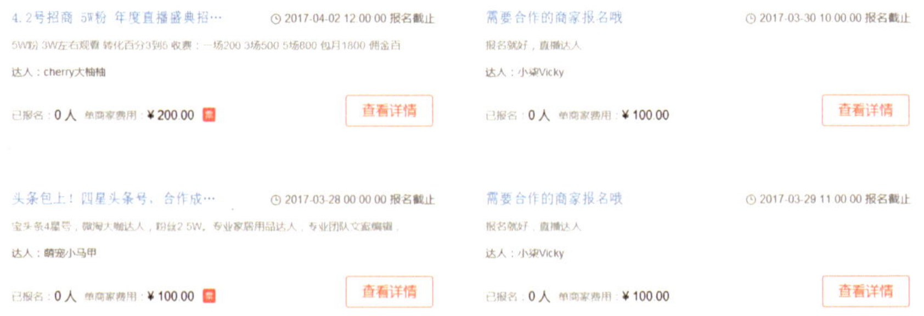

图 3-35

通过选择创作者，以及和创作者的匹配，商家可以尽快找到内容推广出口，把资源多力度、多层次地推广到各个平台，尤其是手机淘宝的入口。在这个流量奇缺的时代，掌握了如何匹配创作者、如何让更多的创作者进行推广是对店铺和产品最好的支持。

3.2 商家如何拥抱内容——运营流程篇

一个成型的商家，本身已经有较为完备的运营团队，并有相对清晰的运营规划。尽管内容运营是未来的一个方向，也是商家眼前获利的重要手段，但如果不能快速、有效地展开行动，所有运营都将是空谈。

为了能方便商家理解内容运营到底在做什么，与当前的店铺运营又有什么样的关系，我们提出了“内容运营流程”的概念。将内容运营的每个过程结合店铺的运营来提出，并分解到具体实操项目上。理解了运营流程，也就相当于窥见了内容运营这幅巨画的全貌，这无疑对后续的实操有巨大的帮助。

3.2.1 规划：以活动节奏为节点

店铺运营中，各类活动是贯穿始终的主线。活动的本质就是给消费者一个“现在”或者“以后”购买的理由，无论是快消品还是耐用品，都需要通过这种手段来拉升销量。

做内容运营，不能脱离店铺的基本运营，必须与店铺运营紧密结合，互相衔接搭配。内容运营是店铺运营的一部分，店铺的活动作为贯穿店铺运营的主线，同样也是贯穿内容运营的主线。要做好内容运营的规划，必须对店铺活动的节奏了如指掌。

1. 活动节奏是规划的基本

店铺的活动目前是以年度（阴历年）为周期，季度为大刻度，月度为具体实操单位的形式进行的。下面分别以全年活动节奏、大促活动节奏、日常活动节奏三个角度来进行阐述。

1）全年活动节奏总览

每个店铺都有自己的独特性，但回归到平台来看，运营节奏的本质却有很大的相似性。

大致可以按照以下维度来进行分析：

（1）全年常规节日和促销节日。

（2）每个季度工作安排和划分。

（3）各月主题活动安排和划分。

这里没办法通过穷举法把每个行业或者每个具体店铺的情况一一列举，但通过图 3-36 和图 3-37，大家都可以找到自己归属的行业。

2017年全国节日/官方大促/行业活动												
	一月	二月	三月	四月	五月	六月	七月	八月	九月	十月	十一月	十二月
1	元旦节			愚人节	劳动节	儿童节	建党节	建军节		国庆节		艾滋病日
2		湿地日										下元节
3		立春							抗战胜利日			
4				清明	青年节					中秋节		
5	小寒		惊蛰		立夏	环境日			中元节			
6						聚划算66大促						
7							小暑	立秋			立冬	大雪
8			妇女节/女王节							寒露		
9									酒水节/聚划算99大促	感恩节		
10									教师节			
11		元宵节									双11	
12			植树节		护士节							双12
13												
14		情人节			母亲节							
15			消费者权益日									
16				闺蜜节								
17											学生日	
18		雨水			博物馆日	618粉丝狂欢节/父亲节					寒衣节	
19												
20	大寒		春分	谷雨						骨质疏松日		
21					小满	夏至						
22				地球日			大暑				小雪	冬至
23						奥林匹克日		处暑	秋分	霜降	感恩节	
24												平安夜
25	开学季											圣诞节
26												
27	除夕		龙头节									
28	春节							七夕节		重阳日		
29												
30					端午节							
31												

图 3-36

季度	月份	序号	内容日期	节日	内容主题	活动形式	预热时间	爆发时间	收尾时间	具体安排	预期效果
Q1	1月	1		元旦节		图文					品牌；销售额；粉丝数
		2		开学季		视频直播					
		3		年货节		短视频					
		4		除夕		问答					
		5		春节		游戏					
		其他									
	2月	1									
		2									
		3									
		4									
		5									
		其他									
	3月	1									
		2									
		3									
		4									
		5									
		其他									
Q2	4月	1									
		2									
		3									
		4									
		5									
		其他									
	5月	1									
		2									
		3									
		4									
		5									
		其他									
	6月	1									
		2									
		3									
		4									
		5									
		其他									

图 3-37

Q3	7月	1									
		2									
		3									
		4									
		5									
		其他									
	8月	1									
		2									
		3									
		4									
		5									
		其他									
	9月	1									
		2									
		3									
		4									
		5									
		其他									
Q4	10月	1									
		2									
		3									
		4									
		5									
		其他									
	11月	1									
		2									
		3									
		4									
		5									
		其他									
	12月	1									
		2									
		3									
		4									
		5									
		其他									

图 3-37（续）

2）大促活动节奏分析

通常全年会有 5 到 6 次大促，这种大促是最高级别的，也是要重点了解和熟知的活动节奏。

按照活动的组织者，可以分为两类：官方大促和自主大促。

（1）官方大促。

固定时间且全品类参加（3 次）：618 年中大促、双 11 大促、双 12 大促。

不固定时间但全品类参加（1 次）：年货节。

不固定时间各品类组织不同活动：春夏新风尚、开春家装节等，通常在 3 月至 5 月，如图 3-38 所示。

重点大促	行业大促
开学季	美妆春光节
聚划算38大促	天猫睡眠节
三八女王节	天猫空调节
春夏新风尚	互联网家装节
出游季	春季汽车节
天猫粉丝节	春茶节
天猫男人节	317吃货节
母亲节	天猫跑步节
端午节	3月健康日
闺蜜节	天猫国际三月玩具节
天猫粉丝狂欢节	天猫国际愚人节
父亲节	宝宝出行节
聚划算66大促	美甲节
618年中大促	家装行业大促
聚划算99大促	天猫婚博会
双11全球狂欢节	美白防晒节
双12年度盛典	天猫校园季
年货节	超级大牌狂欢节

图 3-38

（2）自主大促。

每年固定时间但只有自己店铺参加的活动（1 次）：店庆活动（官方支持粉丝趴）。

不定期参加但由官方组织自己参加的活动：聚划算、类目活动等。

不定期自己组织的各种主题活动：周期不固定，自己组织自己运营。

案例：林氏木业的全年粉丝运营规划

林氏木业是全网领先的家具商家，作为一路从淘品牌走过来的线上品牌，林氏木业在粉丝运营上一直做得不错。

图 3-39 所示为林氏木业的粉丝运营计划，按季度对全年的运营节点进行了划分，并结合官方大促、行业大促、节日热点对节点进行了命名。全年运营计划一目了然，成为落地执行的有力支撑。

林氏木业xxxx年粉丝趴单趴内容规划			
季度	更新节点	主题	亮点
第一季度	新年	结合店铺大主题、官方活动主题或当月热点话题拟定	粉丝互动、设计风格、主题个性
	开年		
	家装节		
	女神节		
	天猫新风尚		
第二季度	职女节		
	日常版		
	店庆		
	618大促		
	日常版		
第三季度	超级品牌日		
	暑假		
	教师节		
	七夕		
	国庆节+中秋节		
第四季度	双11		
	感恩节		
	双12		
	圣诞版		
	新年版		
	传统新年		

图 3-39

3）日常活动节奏注意

店铺运营中活动是比较多的，而且周期复杂，全部以项目制进行管理很容易出现疏漏。

为了能够实现有效管理和运营，建议以固定时间周期的方式来做工作规划。在每个周期，可以用表格的形式来保证日常活动的安排和执行。

按时间周期可以分为以下两个维度：

(1)每月规划。需要确认每周重点、热门节日、主题策划，如图3-40所示。

主题名称	内容类型	类别	官方预热时间	店铺预热时间	内容投放时间	主要内容
		A	12月7日0:00-12月11日23:59	12月7日0:00-12月11日23:59	12月12日0:00-12月12日23:59	
			12月5日0:00-12月11日23:59	12月5日0:00-12月11日23:59	12月12日0:00-12月12日23:59	
					12月13日-12月31日	
					12月20日-12月31日	
			12月21日9:00	12月21日9:00	12月23日10:00-25日9:00	
					12月13日-12月31日	

图 3-40

(2) 每周规划。需要确认时间日期、每日主题、内容排期、突发热点、计划目标、项目负责、上线时间，如图3-41所示。

2017年X月份规划						
一	二	三	四	五	六	日
		1	2	3	4	5
话题	买家秀	盖楼有礼	游戏	视频直播	中奖名单	
6	7	8	9	10	11	12
娱乐资讯	上新	签到有礼		视频直播		
13	14	15	16	17	18	19
产品型	转发有礼	投票有礼		视频直播		
20	21	22	23	24	25	26
服务型		收藏有礼		视频直播		
27	28	29	30	31		
		邀请好友		视频直播		

图 3-41

2. 每个节点都是一场战斗

当所有活动运营的节奏确认后，还需要设定每个活动执行的关键点，这些关键点就是节点。

与日常活动节奏的规划不同，以节点为出发点的规划时，不再以时间周期为维度进行安排和管理，而改为以具体时间点为核心，如具体某个时间或者关键指标达成的时间等。

节点的规划是基于日常活动节奏规划来进行的，做节点规划的目的是保证活动效果更精准地达成。

每个节点，也可以通过表格的形式来进行规划和管理。

表格主要项目包括时间节点、项目主题、项目简介、项目负责、资源支持、其他备注，如图 3-42 所示。

<table>
<tr><th>投放时间</th><th colspan="4">渠道</th><th>形式</th><th>投放内容</th><th>负责人</th><th>协助资源</th><th>备注</th><th>渠道效果</th></tr>
<tr><td></td><td rowspan="15">站内</td><td rowspan="9">手淘</td><td rowspan="4">自运营</td><td>微淘</td><td>图文</td><td></td><td></td><td></td><td></td><td></td></tr>
<tr><td></td><td>问大家</td><td>视频直播</td><td></td><td></td><td></td><td></td><td></td></tr>
<tr><td></td><td>品牌街</td><td>短视频</td><td></td><td></td><td></td><td></td><td></td></tr>
<tr><td></td><td>全球时尚</td><td>问答</td><td></td><td></td><td></td><td></td><td></td></tr>
<tr><td></td><td rowspan="5">阿里创作者</td><td>淘宝头条</td><td></td><td></td><td></td><td></td><td></td><td></td></tr>
<tr><td></td><td>有好货</td><td></td><td></td><td></td><td></td><td></td><td></td></tr>
<tr><td></td><td>爱逛街</td><td></td><td></td><td></td><td></td><td></td><td></td></tr>
<tr><td></td><td>热门市场</td><td></td><td></td><td></td><td></td><td></td><td></td></tr>
<tr><td></td><td>淘宝直播</td><td></td><td></td><td></td><td></td><td></td><td></td></tr>
<tr><td></td><td rowspan="6">天猫</td><td rowspan="6">自运营</td><td>关注</td><td></td><td></td><td></td><td></td><td></td><td></td></tr>
<tr><td></td><td>范儿</td><td></td><td></td><td></td><td></td><td></td><td></td></tr>
<tr><td></td><td>直播</td><td></td><td></td><td></td><td></td><td></td><td></td></tr>
<tr><td></td><td>粉丝趴</td><td></td><td></td><td></td><td></td><td></td><td></td></tr>
<tr><td></td><td>什么牌子好</td><td></td><td></td><td></td><td></td><td></td><td></td></tr>
<tr><td></td><td>焕新</td><td></td><td></td><td></td><td></td><td></td><td></td></tr>
</table>

图 3-42

	站外	搜索	自运营vs机构合作	百度						
				UC						
		社交		微博						
				微信						
				QQ空间						
				百度贴吧						
		视频		优酷						
				映客						
				一直播						
		资讯		今日头条						
				天下网商						
				电商在线						
				淘宝大学						
				新浪						

图 3-42（续）

3.2.2 目的：每次内容运营都有目的指向

做内容运营并不是摸着石头过河，也不是完全依据有什么优势就做什么输出，更不是因为官方提供或者自己无意间获取了什么资源就围绕其展开的促销。

要想把内容运营做好，需要以规划为基础，为每次内容找准目的。以目的为出发点，才能保证内容运营指向性明确，不会跑偏。

内容运营可以实现多种目的，如店铺曝光拉新、沉淀粉丝、复购拉升、提升竞争力、品牌传播、市场教育及提拉销售额等。

有时候多种目的可以同时达成，有时候只能实现其中一个。在进行节点内容具体操作时，一定要先确认目的，再确认实操手段。

1. 目的 1：店铺曝光拉新

关键词：展现量、新客户

适用于淡季或新品上市及其他运营阶段，只为向更多新客户展现店铺或产品，会伴随有成交，但根本目的并非拉升销售额。

2. 目的 2：沉淀粉丝

关键词：持续关注、粉丝经济

适用于有持续消费或需要让客户深入了解时，让消费者对店铺或产品产生持续关注。在此运营阶段，通常不以成交为目的。

3. 目的 3：增加复购率

关键词：复购率、提升客单价

适用于唤醒已经有过购买记录的消费者再次下单，可以是重复下单某一种产品，也可以是下单某种新品或更多商品，最终结果会以销售额提升为表现。

4. 目的 4：提升竞争力

关键词：竞争对手、针对性内容

适用于在特定竞争环境下，让消费者了解到我们与其他店铺或产品的区别，对其购买决策产生直观影响。最终效果为销售额和 ROI 都有提升，且竞争对手销售额减少或停滞。

5. 目的 5：品牌传播

关键词：品牌推广、传播广度、传播深度

适用于不仅仅局限在店铺层面的竞争，而将竞争提升至品牌层面，实现效果为大范围传播和目标群体的深度认知。通常不以销售额提升为目标，但如果品牌与店铺之间为强关联，则销售额也会有提升。

6. 目的 6：市场教育

关键词：潜在客户、新产品

适用于需要扭转消费者的某种消费习惯或者使用习惯时，帮助消费者建立消费信心，最终达成产品销售或新产品的种子用户积累。对于耐用品来说，效果通常为提升咨询量或直接达成销售；对于快消品来说，效果通常为小包装（如试用装等）销售数量增加。

7. 目的 7：提拉销售额

关键词：销售额、大促活动

适用于阶段性大促之前帮助提升和拉动销售额增长，所有内容产出和传播都具备提拉销售额的功能。一般来说，销售额提拉通常是基于其他目的的实现的基础上才能获得，尽管目的指向销售额，但其他目的的达成常常是必经之路。

案例：林氏木业内容运营的目的规划

林氏木业家具销量屡屡夺冠，这与每次内容运营明确的目的不无关系。下面以林氏木业在微淘运营中的经验为基础，进一步说明如何理解内容运营的目的。

在一次完整的活动过程中，林氏木业会在不同阶段设定不同的运营目的，之后再根据目的去选择适合的渠道和内容投放。

1. 店铺活动前期

主要目的：店铺曝光拉新、沉淀粉丝。

通过各种手段增加展现机会，在猫客（手机天猫）各个内容渠道进行展现，最终让潜在客户了解活动和优惠，并通过会员制度吸引目标客户成为店铺粉丝，并养成每日进店的习惯。

2. 店铺活动进行时

主要目的：增加复购率、提升销售额。

对已经产生过购买的用户进行唤醒，并对新粉丝进行提示，实现优惠力度和时间的反复告知，将流量引入店铺，增加复购率，提升销售额。

3. 店铺活动间歇期

主要目的：品牌传播、市场教育。

要通过内容的潜移默化实现品牌的心智传播和实力展示，同时通过优质的内容、有用的干货分享，达到市场教育的目的，让消费者对各种新品产生兴趣。

3.2.3 渠道：自有与合作多种方式可以利用

内容运营来势汹汹，很多店铺措手不及，可能会忽略自己其实本来一直都在做内容运营的事实。无论从自媒体或创作者角度，还是店铺自身角度，都一定要对店铺本来就在做的内容运营给予正视。

除了自有渠道外，阿里平台（淘内）所提供的各种内容渠道当然也非常重要，这不但是当前的热门，更是未来的趋势。此外，所有消费者会出现的场所，都是应该重视的渠道，所以，全网（淘外）渠道也不能置之不理。

1. 店铺自有渠道一定要充分利用

店铺本身已经具备非常多的内容透出渠道，但常常会被我们忽略。有可能是因为不知道，从未想过用这种内容的方式去配合店铺运营；还有一种可能是曾经做过尝试，但由于效果不佳，所以后期就停滞了。

作为店铺来讲，销售额常常是第一考核指标，但内容运营往往不能如直通车等流量工具一样具备 ROI 考核可能性，所以，在运营中也很容易被淡忘或边缘化。在市场竞争如此激烈的当下，这种自断臂膀的行为是非常可惜的。

下面将对店铺自有渠道进行梳理和分析，希望大家能够意识到这些渠道的存在和重要性，并充分利用。

1）重点工具：微淘

店铺的自媒体化是一个趋势，阿里平台为每个店铺都准备了“微淘”，可以向本店及全平台输出内容，并具备粉丝运营能力。在众多自产内容工具中，微淘毫无疑问是最重要的一个。

目前真正把微淘运营好的店铺还不多，很多店铺甚至不知道有微淘这个工具存在，或者知道微淘但没有意识到微淘的重要性。希望看过本书的读者不要犯同样的错误，一定要认真做好微淘，其意义有时候甚至大过通过其他创作者发布的内容，毕竟创作者是第三方，不能如自己店铺一般做各种丰富多彩的活动，如图 3-43 和图 3-44 所示。

微淘工具后台地址：https://scholar.taobao.com/

图 3-43

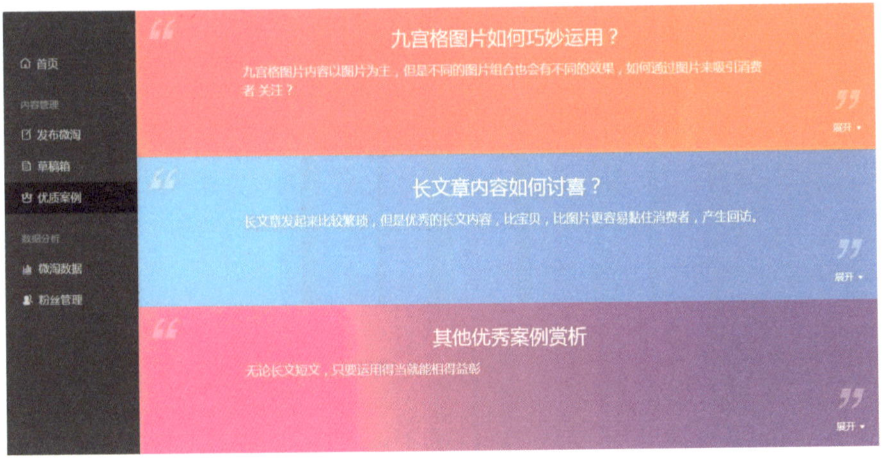

图 3-44

图文是一种性价比很高的内容，微淘后台中大部分内容形式都是图文，如“发帖子”“发宝贝清单”“发图片”“发上新”等。

作为阿里内容战略中的重要一环，官方还会用举例的方式帮大家了解什么样的内容更优质。

另外，还有专门的论坛用于帮助商家学习微淘运营知识，后台地址链接如下：https://weitao.bbs.taobao.com/，如图 3-45 所示。

图 3-45

案例：微淘玩法实例

微淘的玩法有很多，效果也不错，希望大家一定都要重视起来。

微淘入口的位置非常好，手机淘宝正下方第二个就是“微淘”按钮。

微淘的展现方式是千人千面系统推送的，自己订阅的内容及平时经常浏览的内容权重都会比较高，但也可能收到一些自己没有关注过的账号发的内容。

同时上面还有一排按钮，指向不同分类，如宝贝上新和视频直播等。微淘选择发送内容时也可以注意这种大分类，尽量保证有对应内容发布，如图 3-46 所示。

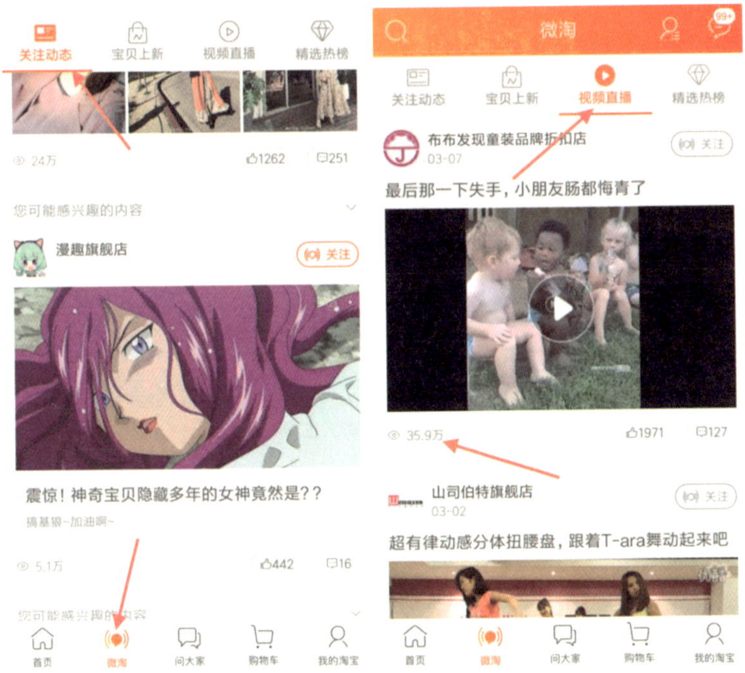

图 3-46

微淘可以发送多种内容，不一定要局限在发自己店铺的相关信息上。而且，通常来讲，反复发送店铺的广告反而会造成消费者的疲惫，效果远不如发一些有价值、有营养、有热点的图文或者视频。

从粉丝运营的角度来说，每次广告都相当于一次对粉丝能量的消耗，

而日常非广告内容才是对粉丝能量的累积。谁会愿意关注每天都是广告的账号呢？就算无意中关注了又有什么理由让他持续来看呢？这些都是微淘运营时要注意的，如图 3-47 和图 3-48 所示。

图 3-47

图 3-48

上新是一个非常好的功能，通过上新往往可以获得额外加权，建议店铺在有新品发售时一定要善用这个功能，如图 3-49 所示。

图 3-49

2）另一个重点：创作者。

创作者的前身就是微淘，经过发展和变迁，微淘最终分成了针对商家端依然保留了原名的“微淘”，以及有着更大名气的“创作者”（阿里创作平台的作者，简称“达人”）。

在创作者渠道自己产出内容方面，商家有如下两个选择：

①通过店铺主账号做创作者。商家账号还具备使用创作者后台的能力，但无法像非商家创作者一样去实现账号升级及申请各种渠道。不过用商家账号做的创作者也并非一无是处，某些优质商家的创作者也可以通过特定渠道透出内容，实现创作者的内容影响力。例如，“问大家”这个渠道，商家也一样可以解答问题，只要秉承公正公开、积极有用等原则，对消费者的影响力一样很大。

②店铺内部培养创作者。很多店铺已经实现了公司化运营，公司中很

多中高级管理人员及创始人团队由于从业时间较长，本身就有很多创作者应有的特质，如完整的知识体系、丰富的案例积累、健全的人格特征等。

在这种情况下，鼓励其成为创作者，并生产优质内容，也是一条捷径。这里有一个重点需要注意的就是，创作者可以有自己的倾向性，但绝对不是一个广告工具，千万不要只顾着眼前的广告效应，一开通创作者账号就滥发广告，而要多创作有价值、有情感、有温度、有人格化特征的优质内容。杀鸡取卵，看一时广告效应绝对是不可取的。

与微淘一样，很多商家并不了解阿里创作平台（达人发布有此理内容的平台）的情况，下面简单介绍一下。

创作者后台地址如下：https://we.taobao.com/，登录后的界面如图 3-50 所示。

图 3-50

阿里创作者也有专门用于学习的论坛，后台地址链接如下：https://daren.bbs.taobao.com/，登录后的界面如图 3-51 所示。

图 3-51

案例：单毅讲装修

单毅从 2007 年开始编写装修知识，曾因《毛坯墙刷乳胶漆的八个步骤》一帖走红，墙面装修分为八个步骤的理念也因此被很多业内人士和消费者认可，理念延续至今。2009 年，单毅开始在淘宝开设店铺，并组建公司，后来又在天猫开设店铺“正然旗舰店”，一直以销售墙面材料为主。

由于长期编写装修知识养成了习惯，所以，单毅经常在很多网站刊发自己对装修的理解。因为对装修有长期钻研，有很全面的装修知识及案例的积累，所以，在讲述装修知识时生动、自然，获得了很多网友的追捧。以人格化形象开设“单毅讲装修”，并以实用主义的经验之谈，传播更专业、更有趣的装修知识，也很容易获得网友的信任和依赖。

作为正然品牌创始人，同时也是资深的装修专家，单毅早就已经把产品理念与装修知识做了紧密的捆绑。传递最有道理的装修知识的同时，也就完成了对产品的科普性市场教育，所以，虽然没有直接去发送广告，但效果远比直接发广告好得多。

目前“单毅讲装修”已经是阿里创作者中炙手可热的装修类头部账号，也是为数不多的4星淘宝头条账号。不但为公司创造了巨大的价值，而且实现了账号运营上的自负盈亏，已经具备独立运营能力，如图3-52所示。

图 3-52

3）官方征集内容。

很多商家误以为除了自己微淘外，所有内容都是由阿里创作者或者官方来产出的，实际并不是这样。

有一些渠道只要商家满足条件，完全可以通过“报名”的形式来实现内容的透出。内容的展现渠道，本质上也是整个阿里平台中的一个频道，这些频道的一部分内容也会通过邀请优质商家提供的形式来完成，每个商家都应该注意这种形式并积极参加。

官方活动内容征集常用频道地址链接如下：https://yingxiao.taobao.com/，打开后的界面如图 3-53 所示。

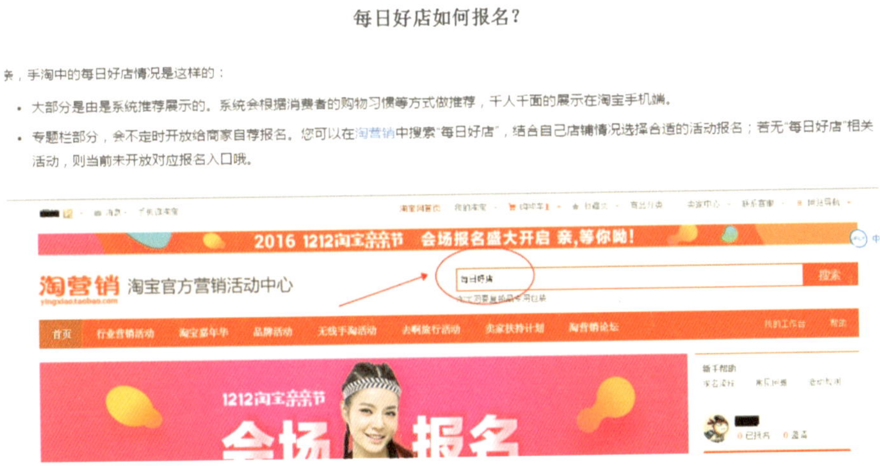

图 3-53

4）被动被创作者推荐。

有一些店铺经常会在被动状态下被创作者推荐，经常会在很多渠道里被动透出。这种内容的透出既不是因为我们自己编写内容自己发，也不是因为报名参加了官方的活动，完全是因为被创作者选中而被推荐。无须花费给创作者的服务费，创作者就会主动选择，这会在无形中节约成本。

在自有产出内容方面，这种被动被创作者推荐也是非常重要的一环。由于创作者的选择有随机性，很多时候商家的商品被推荐了却因为没联系过创作者而不知道为什么被推荐，想要坐等再次被推荐无异于守株待兔，成功概率很低。

这里帮大家总结了几条容易被推荐的店铺特质，只要店铺满足以下要素，被创作者推荐的概率就会很高。

（1）有特点有调性的产品。很多内容透出渠道对产品的要求都比较高，很多创作者渠道本身有发稿数量考核，为了能够不因稿件太少而导致权益受损，所以，创作者并不是一定要有商家付服务费才会发内容。只要产品有特点、有调性，那么被选中的概率就很高。

（2）高于同行的佣金比率。创作者发内容也是有盈利需求的，既然没有服务费，那么至少要有 CPS 佣金。同样两个类似产品，CPS 佣金高的一个更容易被创作者选择。

（3）DSR 动态得分飘红。很多渠道都对 DSR 得分有硬性要求，如果 DSR 得分低于同行，那么很有可能哪个渠道都无法发出内容，自然也不会被推荐。

（4）商品主图至少一张无任何文字。

把商品发到内容上，渠道几乎都会要求最终呈现的主图是无“牛皮癣”、无文字、无 Logo 的。能在 5 张主图中至少设置一张商品完整且满足无任何文字（含水印）的商品图片，就省去了创作者手工作图的麻烦。相反，如果每张图都是有 Logo 和水印，那么创作者很可能因为无法做出符合渠道要求的图片而选择放弃。

（5）产品销量较高。同等情况下，消费者也会乐于选择产品销量高的产品，这是一种羊群效应。对于创作者来说，也会重视这个因素，尽量推荐“热销”产品，而不是“滞销”产品。

（6）产品评价首篇无明显负面评价。影响消费者购物的因素除了销量外就是评价，如果一件商品负面评价很多，无疑会导致产品销售困难重重。作为创作者来讲，这种商品除了可能销售效果较差外，还可能导致粉丝对推荐的质疑，一定会尽量避免。

（7）详情页制作精良。创作者在选择产品时，也会对产品详情页进行浏览，并挑选其中关键要素作为自己介绍产品的基础。如果详情页能够很明确地突出产品特色，让人一看就懂，一见难忘，那么对创作者推荐也是非常有利的。

（8）有对接创作者流程。有些产品非常好，创作者也非常希望推荐，但可能由于图片或者部分文字问题，创作者需要与商家进行沟通。目前很多商家在客服端并没有意识到可能会有创作者来咨询，所以，每当创作者出现时都无法及时应答，错失良机。一定要在客服话术中加入针对创作者询问的内容，保证创作者可以被有效接待。

（9）被创作者推荐内容有归档。有些时候创作者因为销量或者佣金等原因希望推荐我们的产品，但苦于不知道如何对我们的产品进行描述，最终可能导致放弃。商家最好能养成归档保存所有创作者推荐内容的好习惯，不但可以作为对内培训客服的材料，也可以用于向消费者宣传，更可以用于给其他创作者作为写作素材。

案例：apous 旗舰店

如图 3-54 所示为 apous 旗舰店主页。

图 3-54

apous 旗舰店在与创作者合作上一直做得比较到位，经常会被很多创作者推荐到各种渠道上，积累了大量流量。在很多细节上，apous 都做得比较到位，是值得我们学习的。

（1）为创作者创造方便的头图，如图 3-55 所示。

图 3-55

（2）制作精良的宝贝详情页，如图 3-56 所示。

图 3-56

（3）产品和店铺得分都很高，如图 3-57 所示。

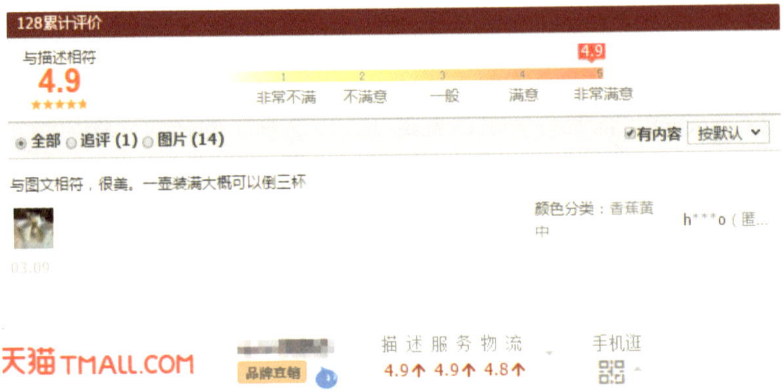

图 3-57

5）其他在线工具。

狭义的内容工具只有“微淘”和“阿里创作者”，广义的内容工具还有很多，下面列举一些。

（1）主图和宝贝标题及 SKU。手机端的第一屏内容是每个宝贝最重要的内容，没有之一。手机浏览时代，很多人都是先看主图和标题，然后看一眼 sku，如果任何感兴趣的点都没有，很容易直接跳出，详情页都没有机会被浏览。

（2）详情页。详情页一直都是最重要的“内容”，手机浏览时代，如何能用更少的图片和文字精准表达内容，是非常重要的技能。不但要学会做减法，还需要更深度的换位思考，随时洞察消费者的心理。

（3）首页及活动页。如果说主图和标题是广告，用于吸引人；详情页是产品说明，用于说服人；那么，首页和活动页就是产品的背书，用于取信于人。没人会相信一个粗陋的首页或活动页可以承载一个“名牌”，视觉效果必须与产品的调性匹配。

（4）宝贝评价的评论功能。宝贝评价一直都是影响消费者购买的重要因素，目前在具体评价下开通了评论和点赞功能，原本一次成型的评价因此变成了动态的，而且打开之后就是一个图文帖子的样式。作为商家，跟进每一条评价及评价的评论留言是一个重点工作。

如图 3-58 所示为宝贝评价的评论功能。

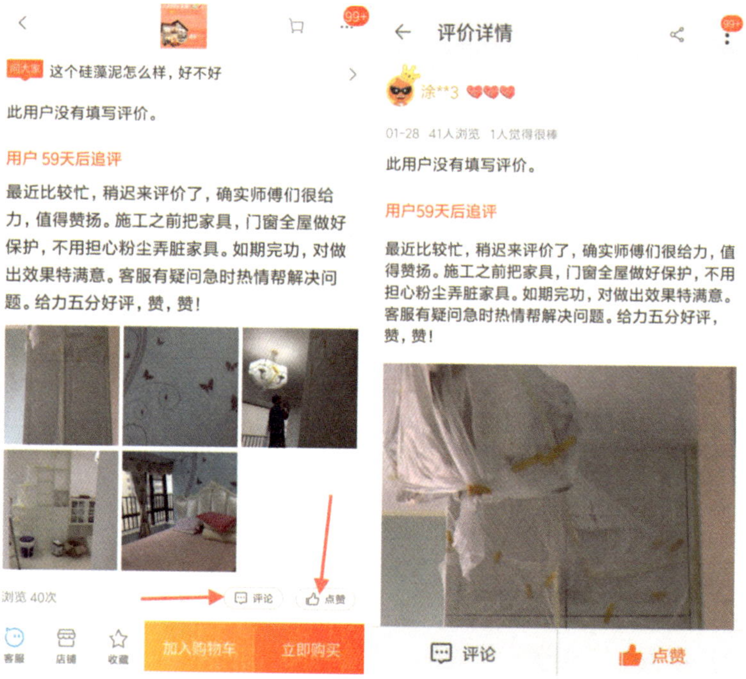

图 3-58

（5）问大家。在每个产品的手机淘宝浏览时都可以发现“问大家”，可以在这里提问，问已经买过的真实用户。这个渠道除了用户可以回复外，商家也可以自己回复，千万不要放弃这个回答的权利。

如图 5-39 所示，是宝贝的“问大家”。

图 3-59

（6）买家秀。买家的评价可以通过买家秀的形式被详情页等页面调用，商家也可以自己截取此类真实评价作为内容进行传播，效果很好。

如图 3-60 所示为买家秀。

（7）店铺论坛。其前身是店铺的淘宝帮派，现在已经升级为店铺淘宝论坛，虽然功能有限，但依然具备允许用户发深度长文的功能，并具备论坛式的帖子互动功能。

图 3-60

6）可以利用的有形产品。

虽然做的是基于互联网的网店，但毕竟很多时候销售的是有形的产品或人与人直接接触的服务，所以，内容的传递也就不仅仅局限于通过互联网的形式。

下面列举一些可以利用的有形产品。

（1）包裹。快递包裹早已经融入我们的生活，作为网购产品的最外层包装，这一层不但是保护层，同时也兼备了视觉传递功能。有意识的企业早已经通过快递包裹来传达自己的图文内容。

（2）个性化产品说明。很多产品的说明书直到现在仍然停留在最简单的早期形态，每次我们看完都恨不得直接把说明书扔掉，这无疑是一种巨大的浪费。说明书本身就具备图文内容属性，通过精心设计完全可以承载很多内容功能。

（3）有形读物。普通说明书再进一步，就变成了有形读物，比如一本“烹饪指南”，也可以是一本“慢跑圣经”，或者是一本“听见世界”（音箱）。这是最古老的图文形式，但只要使用得当，仍然会爆发出巨大的能量。

如图 3-61 所示为百汇馆赠送的出版物。

图 3-61

（4）赠品。很多店铺都会有各种各样的赠品用于提升消费者的满意度，但却很少有店铺能够做到赠送赠品的同时再为所有的赠品总结一些图文内容。例如，赠品的价值、赠品与主产品搭配的方法，等等。简单来说，我们要让赠品有故事、有温度、有内涵，而不是一个简单的赠送。

（5）试用产品。对于很多快消品或者耐用品来说，试用都是一个非常好的销售手段。每次试用其实都是一次叩开消费者心灵的机会，有些商家只是用产品去敲门，但有些商家则会选择让一次试用充满惊喜。什么样的内容会让消费者在试用时加深对产品和品牌的认知，如果你使用得当，试用后的回购率翻倍也并非难事。

2．创作者合作渠道创造更多可能

阿里创作者渠道中的图文类渠道几乎涵盖了目前店铺最喜欢的渠道类型，从淘宝头条到必买清单攻略和有好货百科等，展现位置非常好，流量很大。

内容经济现在才是刚刚开始，所以，每个渠道都会持续进行调整。但不管如何调整，核心目的都是提供更优质的内容，帮助消费者做出更合理的消费决策。

下面介绍一些比较热门的阿里创作者图文渠道，仅供参考。

如图 3-62 所示为热门阿里创作者图文渠道参考。

渠道名称	简介
淘宝头条	帖子类内容，图文形式，无格式要求
淘宝头条-测评	高等级头条账号开通，图文深度内容
淘宝头条-问答	高等级头条账号开通，问答式图文
每日好店-图文	帖子类内容，图文形式，固定格式
有好货-百科	帖子类内容，图文形式，固定格式
必买清单-攻略	帖子类内容，图文形式，固定格式
微淘热榜	帖子类内容，图文形式，无格式要求
问大家	问答类形式图文，无格式要求
爱逛街	深度图文内容或者场景搭配图

图 3-62

3. 淘外渠道是很重要的补充

除淘内各种展现渠道之外，淘外还有很多其他渠道也可以展示商家需要的内容。与淘宝渠道相比，这些站外渠道虽然在引流上可能不够直接，但在影响消费者决策上也许更有力量。

所以，无论是一个淘宝小店，还是一个品牌旗舰店，无论是经营方，还是品牌方，站外渠道的投放都是很重要的补充，做好了将达到事半功倍的效果。

如图 3-63 所示为热门淘外图文渠道参考。

渠道名称	简介
微博	社交类自媒体平台，影响力大
微信公众号	自媒体人的聚集地，影响力大
今日头条	平台分发型自媒体，影响力大
知乎	问答和专栏类自媒体，影响力较大
UC订阅号	平台分发型自媒体，影响力较大
企鹅号	平台分发型自媒体，影响力较大
百度百家	平台分发型自媒体，影响力较大

图 3-63

3.2.4 产出：系统性准备才能保证持续性产出

内容运营并不是一锤子买卖，也不是一将功成万骨枯，做好内容运营需要做好打“持久战”的准备，既不贪求一时之功，也不因效果不好而轻言放弃。

无论是选择什么渠道进行内容产出，没有足够的准备都无法保证产出的数量和质量。所以，在做渠道选择的同时，还要积极地为持续性产出做系统性的准备。

1. 时时刻刻的内容素材准备

巧妇难为无米之炊，我们在内容产出上常常遇到无素材可用的尴尬局面。

在内容素材准备方面，很多店铺的重视程度不够，很多经营多年的企业也没有足够重视，直接表现就是需要做企业发展回顾时都会觉得素材捉襟见肘，很多关键元素都已经丢失了。

过去很多企业都是粗犷式发展，对于发展过程中的细节并没有留意，但现在已经进入了精细化管理和精准营销时代，能否养成时时刻刻准备素材的好习惯，将成为未来企业竞争的一道分水岭。

回归到商家之间在店铺层面的竞争上，我们从“来源”“分类”“筛选”三个维度提出了实操的方法，希望可以帮助商家们养成持续准备素材的好习惯。

1）内容素材的来源

素材可能是一个完整的内容，也可能是某个内容的一部分，甚至可能是几个内容的合并。但所有素材都一定来自于内容，而不是凭空产生的。知道素材可以以何种方式获得，才能真正得到素材。

基于对常用内容素材的观察，我们整理汇总了如下三类来源：

（1）自产类内容。自产类内容包括所有自己主动完成或者在运营过程中不断产生的内容。这里既包含有意识创造的内容，也包含无意识创造的内容，以及第三方在不受控状态下反馈的 UGC 类内容。

例如，对产品的拍摄和详情页的文案及过往版本等，都属于有意识创造的内容。而产品的生产工艺、设计理念、品牌故事、成长历史，以及店铺的搜索排名、销量数据等都属于无意识创造的内容。像宝贝评价和买家秀等则属于消费者在不受控状态下反馈的 UGC 类内容，被动被创作者推荐则属于另外一种不受控状态下的 UGC 内容。

所有自产类内容都有如下特点：与店铺联系紧密、碎片化严重、形态多样、可能需要加工整理。要把这些内容整理好，并非易事，但如果能坚持下来，将形成最为宝贵的一手素材。

（2）购买类内容。购买类内容包含在运营过程中购买的成品素材及半成品素材。大多数情况下，这种购买类素材都是在可控或相对可控状态下的，比较容易整理和使用。

例如，我们通过付费与创作者合作产生了内容，这种内容就属于相对可控的成品素材，以后还可以直接使用。又如，我们与第三方合作采购了图片类或者文案类素材，这种素材就属于可控但仅仅是半成品的素材。

购买类内容是最容易被整理和积累的内容，因为属于付费内容，所以，大家的重视程度比较高，一般不会弄丢。而且值得被付费购买的内容，通常品质都不错，被重复利用的可能性也比较大。

案例：V 任务平台介绍

阿里 V 任务后台的网址是 https://daren.taobao.com/。

阿里 V 任务是一个对接商家与创作者的平台，每一个账号在初次登录时都会要求选择身份，商家和创作者二选一，而且以后不能更换，如图 3-64 所示。

图 3-64

选择商家身份后，首先需要绑定运营账号，绑定成功后通过运营账号可以完成发布任务并付款。每次通过阿里 V 任务发布的任务都属于商家与创作者之间的双方交易，平台只是提供交易场所，且不会抽取佣金。

阿里 V 任务有专门用来学习和发布最新消息的论坛，链接如下：https://da.bbs.taobao.com/，如图 3-65 所示。

图 3-65

(3) 淘外第三方内容。这里说的第三方并没有包含淘内的消费者和创作者，而是特指淘外的第三方内容。这种内容基本不受控，品质参差不齐，甚至包含很多可能引发公关危机的负面内容。

例如，国家进行质量监察时对产品进行抽检的新闻，以及类似的新闻内容，完全不受控，而且可能出现负面内容。又如，第三方机构对产品进行了评测，或者消费者把自己的使用感受发到了某些论坛或社区上，同样不受控，而且内容不一定对我们有利。当然，有些时候是对我们有利的内容，如产品获得了评奖，或者消费者在站外为我们主动推广等。

淘外第三方内容的特点如下：不易被发现、正面负面交织、内容形态多样，基本都需要进行二次加工整理才能再次使用。

这种内容中负面的部分是需要我们警惕的，正面的内容则是可遇不可求的。此类内容能够及时发现、应对并整理成素材，通常标志着一个企业在内容运营上具备较强的能力。

2）内容素材的初次分类

能够获取素材只是刚刚开始，学会对素材分类才是有效利用的前提，不要为了积累而积累，一定要养成对素材分类的习惯。完成了素材分类，才有高效快速使用的可能。

获取了所有内容之后，一定要在第一时间完成素材的首次分类。按照不同类型的素材，大致可以划分为文字类、图片类、视频类、整合类四大类，并在每个大类下包含很多小类。

(1) 文字类素材。文字类素材是最多的，也是碎片化最严重的，建议利用文字可以被搜索的特性通过可搜索类终端存储方式进行保存。

文字内容对存储空间大小要求很低，建议对同样内容进行多标签重复分类，保证在对不同类标签进行查找时都能快速找到所需内容。

根据文字的长短，可以对文字按照以下方式进行划分。

长文字：如文章、文案、说明书、故事等。

短文字：如评价、产品介绍、卖点特点等。

关键词：如技术名词、专利词、卖点词、特点词等。

案例：通过云协作功能存储文字素材，如图 3-66 所示。

图 3-66

碎片化的文字是我们平时处理起来最头疼的素材，网络协作工具具备文字的云端存储功能，单人使用时就已经显示了其强大的文字搜索能力，不但能识别笔记中的文字，还能识别 Word、Excel 等文档中的文字，比如有道云。

有道云的云协作功能是个人笔记的团队协作版本，保留了单人笔记的所有功能，同时增加了多人协同功能。既有强大的搜索功能，又可以实现多人编辑以及历史版本记录。在文字素材存储领域，有很强的实用意义。

（2）图片类素材。图片类素材的数量也很大，并且很难通过搜索的方式完整地表现图像内容，所以，对图片的进一步归类保存非常重要。

图片命名时一定要充分利用文件名长度，尽可能将所需标签进行罗列，在搜索时可以起到很好的辅助作用。推荐通过建立网络相册的方式提升图片的查找速度，并使图片能让多人同时使用。

图片的分类可以参考以下方式。

产品图：包括产品实拍原图、修好完成图、产品主图、产品海报图等。

促销图：包括各种活动海报、活动介绍、活动入口图、图片广告等。

销售配套图：包括品牌图、公司或企业图、生产工艺或设计制造图、检测报告、原产地证明、物流运输图、店铺介绍等。

场景图：包括产品应用场景、目标人群场景、产品陈列场景等。

痛点分析图：以痛点为导向，包括痛点来源、痛点表现、痛点危害等。

解决方案图：以解决为导向，包括解决流程、方案对比及优势、详细操作方法等。

客户互动图：包括宝贝评价晒图、客户应用实拍、客户购买现场等。

证明类截图：新闻截图、客户评价截图、聊天记录截图、创作者内容截图等。

（3）视频类素材。针对图文应用，视频类素材也是需要进行积累的一个重要组成部分。有时，为了更好地传递视频价值或者多维度传播视频内容，需要把视频做成图文形式进行传播。

另一方面，视频本身就是一个集合了图片、音频内容的集成体，其中已经天然包含了大量的图片和文字素材，是重要的素材来源。

视频类素材最大的问题是占用存储空间较大，且无法通过搜索方式进行内容寻找。所以，建议对每段视频做图片和文字的索引，通过图片文字的索引找到对应视频。在视频命名是同样参考上述图片命名方式，尽可能增加文件名内的标签覆盖量，提升搜索效率。

（4）整合类素材。在单项文字、图片、视频素材基础上，还有很多整合型素材，无法用单一的文字或者图片来进行分类。例如，一次大促的专题页面、一次微博上的互动活动，以及一些前台或者后台产生的数据指标等。

很多店铺常常会忽略这类素材的内容属性，平时可能搜集了很多，但因为不注意分类方式，在需要使用时常常无法找到。

这类整合型素材根据保存状态，可以分为如下两类。

有长效链接式素材：有长效链接式素材通常只要保存好链接，再对链接做标签和备注，就可以通过搜索方式快速找到，如新闻专题页、微博活动链接等。

无链接式素材：无链接或动态更新过于频繁，以及链接只能短期有效的情况，也是比较常见的。例如，销售件数、搜索排名、后台统计数据等动态更新型内容，以及促销专题页、大促承接页这种链接无法保持长期有效的内容，在分类时一定要进行特殊处理。不但要做好图文拆分的分类保存，还应及时或定期保存完整截图，并做好文字索引。

可以利用文件夹进行分类保存，如图 3-67 和图 3-68 所示。

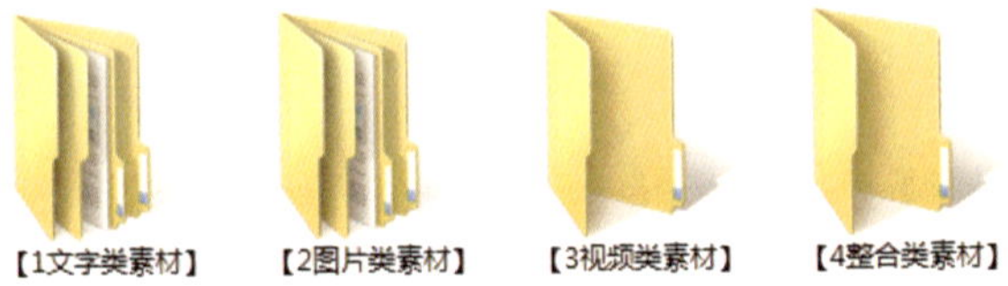

图 3-67

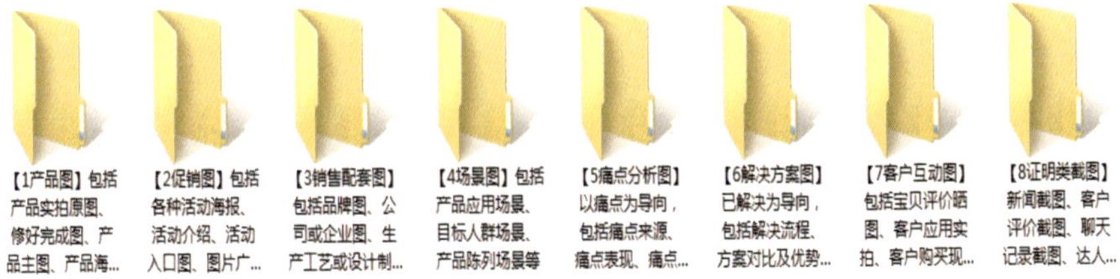

图 3-68

案例：通过钉钉的钉盘实现全员协同完成素材首次分类，如图 3-69 所示。

图 3-69

钉钉是非常好用的办公软件，不但具有实时沟通的 IM 能力，同时还有非常强大的文档管理及协同办公功能。

打开钉钉软件，进入钉盘后，可以在公司钉盘的公共区新建一个【素材分类】文件夹，并继续完成二级分类和三级分类文件夹的创建。

公共区的内容可以由全员共同完成编辑，非管理员只能操作自己上传的文档，无法删除或编辑其他人上传的内容。非常适合全员进行素材搜集整理并做首次分类使用，如图 3-70 所示。

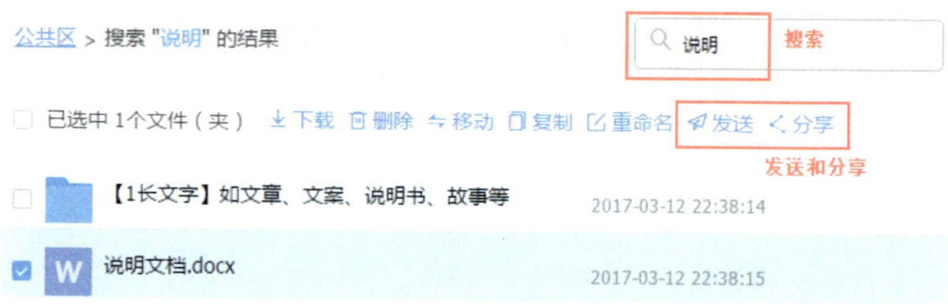

图 3-70

可以通过搜索功能对所有上传的文档进行快速搜索，并可以随时对文档进行发送和分享，快速将其带入办公场景或者应用场景，方便高效，推荐使用。

3）内容素材的筛选标准及二次分类

完成分类后的素材算是已经“入库”，但在变成真正可用之前还需要经过一个“出库”的筛选过程。我们需要根据自己的需要去寻找适合的素材，通过适合的筛选标准找到最适合的图片。

筛选通常发生在每次对素材的使用之前，但每次筛选并不是孤立的，而是要让筛选变成一种给素材做细化使用说明的过程，以此不断深化对已有素材的认知，并形成一种以应用为导向的二次分类。

首次分类与二次分类的出发点和使用方法均不一样，二者同样重要，不可只选一种而放弃另一种。首次分类是原始素材的最佳保留手段，随着应用的深入或市场环境的改变，二次分类也会动态变化，但首次分类依然可以对二次分类提供庞大的素材支撑。

下面介绍比较常见的几种筛选标准，以及对应的二次分类方法。

(1) 产品诠释能力。产品是品牌的载体，也是一切销售交易过程的核心，更是消费者最感兴趣的关键点。所以，学会以产品诠释能力作为标准，极具实操意义。

内容时代，为每个产品都准备一个“素材库”是当务之急，以产品为分类依据对所有素材进行二次分类，也是每个商家的首要任务。

具体筛选标准如下。

产品必备元素：包括产品主图、链接、卖点介绍、店铺情况等，需要时可以直接使用或发送给创作者。

产品相关度：是否与指定产品相关，相关程度可以按 1~10 分进行打分，进行量化考核。

产品指向性：是明确指向本产品，还是同时指向多个产品，以及指向的其他产品中是否有竞争性产品。

（2）品牌辅助能力。当需要一些对品牌有提升作用的素材时，可以选择以此作为筛选标准。

具体筛选标准如下。

品牌 VI：符合品牌 VI 标准应用的素材。

品牌 Slogan：包括正确使用 Slogan，以及对 Slogan 的正确诠释。

品牌具象化：可以令品牌形象人格化、有温度、更具影响力等。

（3）视觉表达能力。在这个格外注重审美的时代，充分满足消费者的“看脸”需要，形成视觉上的“第一眼印象”，也是二次分类的一个重要维度。

具体筛选标准如下。

颜值提升：可以有效提升产品颜值的素材，一般以图片为主。

调性表达：可以充分表达产品或品牌调性的素材。注意有些文字类内容也可以实现这个功能，不要忽略。

（4）功能表达能力。除了视觉表达的外表，对内涵的表达也同样重要。产品的功能性也是消费者选择的重要参考因素，因此，这个二次分类维度也必须有。

具体筛选标准如下。

功能细化：可以让功能表述更加细致、清晰、完善的素材。

效果展现：通过实际操作或者效果模拟等方式，具象化地表达功能效果的素材。

（5）交易辅助能力。在商家的店铺运营中，获取销售额是终极目的，而交易辅助能力也可以理解为促销能力，这是提拉销售额的必备能力。

尽管在很多泛内容传播时，过于强调促销的内容往往会因为显得广告性太强而影响传播效果，但从素材的整理角度，这个二次分类绝对不能漏掉，并且要不断深挖符合此类标准的优质素材，也许很难，但每一个素材都可能对销售额的提升有巨大作用。

具体筛选标准如下。

卖点强化：把卖点用更容易理解、更容易接受、针对性更强的方式进行强化，如暴力测试、优劣对比等都属于此类内容。

促销传递：能够帮助消费者关注并理解促销活动的内容素材，如双11省钱攻略、消费者操作引导图等。

服务展现：从帮助消费者打消对服务疑虑的方向完善对服务的介绍，包括售前、售中、售后等各个环节，把抽象的服务具象化。

（6）店铺表述能力。店铺作为产品销售的直接平台，是与消费者直接打交道的第一责任方。尽管店铺的重要性已经远远不如淘宝创立初期，很多人似乎更关心产品或者品牌，但在内容时代，店铺的个性化树立也是很重要的识别方式，其代表了一种独特的销售环境、服务模式或表达方式。

在同品牌多店铺运营日趋普遍的当下，店铺这个环节日趋重要，以此为基础做素材分类也是越早越好。

具体筛选标准如下。

店铺特点：与店铺特点有关的所有内容，用以区分本店与其他同类甚至同品牌产品店铺的区别。

店铺相关度：是否与本店铺相关，相关程度，可以按 1~10 分打分，进行量化考核。

2. 图文类文章产出三步走

素材整理完成后，就可以组织图文内容了。

媒体或自媒体人都具备自己生产内容的能力，但很多商家却对于图文类文章的产出方式并不了解，即便有了充足的素材也无法自己组织出有用的内容。

横跨在商家与文章之间最大的鸿沟主要是经验，很多商家都没有产出文章的经验，所谓万事开头难，所以常常不得要领。

下面从“标题”“图片”“文字”三个方面来还原一篇图文类内容的本来面貌，力争让商家可以快速开始自己的内容生产，并找到成功的方法。

本部分内容不但对于商家有实操意义，对于很多新手创作者也有很强的参考和借鉴意义。

1）一个好标题已经成功了一半

无论是传统媒体还是自媒体，一篇文章的标题都是重中之重。能不能快速抓人眼球，让人产生打开并阅读的欲望，标题至关重要。因为很多文章只靠标题吸引眼球，甚至诞生了一个专门的名词——“标题党”。

如果只靠标题骗人阅读，的确不太可取。如果有好的内容，却不注意标题的写作，则更不可取。拥有一个好标题，已经成功了一半。

下面给大家介绍一下优秀标题的一些常见类型。

(1) 数字凸显。数字是人类最敏感的语言符号，敏感程度远超过其他文字或字母，在可以写数字的时候，一定要优先选择写数字。

如以下案例：

自媒体必会的 7 种标题写作方法!

历史上最经典的 20 对荧屏 CP！

这个夏天，你有 12 种方式穿出自己!

(2) 提问或反问句。在人类正常交流中，会下意识地去回答问题，包括正常的提问，也包括反问句式。所以，一个以问号为结尾的标题往往效果都不错。

如以下案例：

有一个爱跑步的女朋友是什么体验?

你第一次约会是不是也犯了这些错?

已经宣布淘汰 8 年的建材，你还在用?

(3) 借用名人或热点。知名度已经很高的人物或者事物，都是可以写在标题中用来“蹭热度”的对象。人类对于自己熟悉的东西往往有天然的好感，这里面就包含了名人或热点话题，所以，在标题里一定要善加利用。

同时提醒一点，使用名人做标题时一定要注意是否存在侵权问题。

如以下案例：

周星驰的这些台词太搞笑，竟然笑哭了……

罗贯中比施耐庵有才？懂历史的人都笑了！

韩国部署萨德与朴槿惠下台的背后真相分析

（4）技能干货式。针对某些具体问题的实操技巧，往往对苦于找不到解决方案的人或者持续关注此类问题的人有格外强大的杀伤力。这种技巧可能很简单，但却会引发很多人关注。

比如以下案例：

使用 iPhone 拍摄人物的技巧集合

装修经验：墙面装修的流程及选材分析

看完就会！ 12 种扎头发的方式！

（5）年度或月度总结式。这种标题自带时效性，尽管很容易因为时间原因而过时，但在发布时却很容易引人关注。同时，以年度和月度来做标题，让人很容易联想起是一种总结，提升了文章的价值感。

如以下案例：

2017 年，这 10 部电影你应该看！

2 月排行：天猫美妆热销产品汇总

你买了吗？ 2016 年热门手机大盘点！

（6）强调句式。在标题里通过惊叹词和惊叹号来引发人的关注，也是屡试不爽的一招。尽管很简单，但真的很有用。

如以下案例：

惊呆！竟然真的有人养这种宠物！

【围观】最坑爹装修设计都在这了！

碉堡了！这种衣服你敢穿出去吗？

（7）设置悬疑。人都是有好奇心的，如果能成功地激发出一个人的好奇心，阅读量挡都挡不住，在很短时间内就可能爆发。

悬疑的方式由于常常被人滥用，所以，有时候人们都见惯不怪了，这就需要大家尽可能跳出传统去激发新的灵感。一般情况下，能让人问“为什么”并且想要探究“怎么做到”，这种悬疑更有价值。

如以下案例：

你可能不信，这口锅竟然卖430万元！

装修280平方米的别墅，他真的只花了6万元！

大学生用互联网卖橙子，一个月赚2辆宝马！

要想写出好标题，平时要多观察，积累有用的标题，并认真进行整理和分析，也要在标题写作过程中不断尝试和优化，杜绝一蹴而就写标题的诱惑。

通常，一下就能想到的标题往往不是最好的，尤其是对很多商家而言。

在写作标题的过程中建议多列标题，并尝试从不同角度去诠释文章内容，既保证标题吸引力强，又能保证文章内容与标题不脱节。

案例：标题的写作过程和结果分析

“单毅讲装修”是以装修人群为读者群体，以产出各种“更专业更有趣的装修知识”为目标，垂直度非常强的头部自媒体。

由于装修市场较为小众，文章专业性又比较强，所以，难免有的时候就会因为标题过于小众或者过于专业，导致读者打开率降低。

某次想要写作一款颜值型灯具推荐的图文文章，从最开始列出的第一版标题到最后真正使用的标题，经历了4次修改。以下为各个版本及特点分析。

第一版：从产品原始特点出发

《高颜值灯具大搜罗！一般人买不到！》

第二版：从产品的衍伸特点出发

《简约款VS奢华款？到底哪种灯具值得买？》

第三版：强调经验的价值

《简约比奢华好？过来人谈灯具选购经验！》

第四版：找到更有对立，更容易被读懂的产品名

《吸顶灯比吊灯好？过来人谈灯具选购经验！》

最终版：从损失角度，强调经验价值

《吸顶灯比吊灯好？后悔听了工人的建议！》

最终版发出之后，因为对消费者心理有更深刻的触动，所以，获得了不错的效果，阅读量达到了15万以上。在后续盲测中发现，其他版本的打开情况远不如最后一版，如图3-71所示。

图 3-71

2）图片处理是重要的加分项目

所谓图文内容，图排在前面，已经足以说明图片的重要性。

在 PC 端大家早已经进入了读图时代，只是在手机上受限于屏幕太小，所以，读字依然还有市场，否则文字很可能被图片彻底替换掉。在这个手机流量以“G”为计数单位的时代，看图早已经没有了流量压力，因此，通过好的图片来提升文章可读性是非常重要的加分项目。

很多商家在电商战火的淬炼下，早已经学会了图片的制作方式，因此，这里只是简单讲一些与制作图文文章有关的小技巧。

（1）有温度的图片。在店铺中经常使用的都是一些比较大气炫目的，可以凸显产品特点或者品牌知名度的图，但在图文文章中这种图却不那么重要。

要学会做一些更有温度的图片，做一些更容易调动消费者情感和情绪的图片。

例如，要表达我们很震惊，那么就可以选择一张可以表达震惊的图片，效果远比打字来得直接。再比如，像同道大叔一样用手绘漫画的形式来传递内容，比很多唯美的图片更能打动人心。

（2）方图和扁图更受欢迎。店铺在做无论 PC 端还是手机端的详情页浏览时，因为整体都是图片，所以，常常会习惯性地做一些比较高的图。但在文章中，这种可能占掉一整个手机屏的图最好不要出现，受限于图文展示效果，很容易导致图片无法完整阅读。

最好的方法是做方形图或者略扁一点的图，这样在读者看到这张图的时候，可以同时看到图片上方和下方的文字。既能保证阅读的连贯性，又可以更好地匹配手机阅读效果。

（3）封面图和头图很重要。封面图和头图的重要性仅次于标题，试想一个读者如果被一个标题吸引进来结果看到的是一个让人非常难受的头图，那么读者很可能转身而去。

推荐选择一些有调性或者小清新的图片作为头图，如果有一些更有看点且与文章内容结合度比较高的图片，则更为适合。

（4）告别图片“牛皮癣”。建议商家无论在商品的封面图还是详情页，以及在要产出的图文内容中，都尽可能少在图片上打各种水印或者标签，减少这种类似于图片“牛皮癣”的东西出现。

这种“牛皮癣”看似对当前促销有帮助，仿佛用更小的空间传递了更多的信息量，但实际上却很容易引起读者的厌烦。即便传递再多的信息，如果读者一眼都不看又有什么用呢？

案例：创作者的文章用图。

如图 3-72 所示为创作者的文章用图。

图 3-72

头部图片是一个做瑜伽时的姿势，不但具有美感，还仿佛有一种魔力，吸引人探索这个姿势到底是怎么完成的。能起到这种悬疑作用的图片就是非常好的头图。

文章中为了说明具体瑜伽姿势，放了一个很有生活气息的图片，这种图就会比其他类型的图更具有温度，更容易被读者接纳。

注意这两个图片，头图是一个方形图片，而说明图是一个扁形图片，都是比较有利于结合文字阅读的图片类型。而且在图片上看不到任何“牛皮癣”，甚至连水印都没有。

3）文字是贯穿的骨架，也是重中之重

有了好的标题，又有适合的图片搭配，剩下的就是靠文字来穿针引线，把所有内容缝合成一篇文完整的文章了。

文字是人类的重要发明，无论图片多么重要，也依然无法取代文字的地位。通过文字，我们可以表达很多更精准、更深刻、更抽象、更复杂的内容，而这也正是我们希望由文字来帮我们传递的。

任何一个图文创作者都应该牢记：文字才是文章的灵魂，它不但贯穿始终，更如同骨架一般搭起了所有内容。只有有了灵动、有趣、耐读的文字，才有可能让读者静下心来耐心品位我们的内容，假如文字苍白乏力、呆板生硬、味如嚼蜡，那么即使有再好的标题和图片搭配，也难以引发读者的共鸣。

下面对一篇文章的文字进行拆解，帮助大家深入理解。

（1）能卖产品的文章逻辑。商家一般都希望自己的产品可以通过内容得到有效推广，但又经常一不小心就把文章写成广告。自己喊得声嘶力竭，但读者早就看穿了一切。

这里推荐一种比较有效的产品推荐式文章写作逻辑，其核心是解决问题，而产品只是解决问题的一种方法。

具体逻辑如下：

① 通过场景、人群、痛点的方式引出话题。

② 提出需要解决的难题或需要回答的疑问。

③ 围绕被提出来的问题，给出多种解决方案。

④ 分析对比各种解决方案的优劣，并落地到产品。

⑤ 号召读者行动起来，去尝试解决问题。

（2）注意全文的排版。阅读的快感不但来自于文字本身，还来自于文字的版式。调查发现，很多人都是“版式强迫症”。如果文章的版式混乱、字体大小不一，甚至还有错别字，那么被深入阅读的概率就非常低。

要注意各个层级标题的使用，尽量让文章看起来整齐有序，同时，一定要避免标点符号错误甚至错别字这种低级错误。

如果是有段落的文章，在可能的情况下，尽量做到段首空两格，这样会让文章看起来更正规。如果都是不到一行的短句，一定要注意长短的控制，避免出现过长折回导致分段现象。

（3）文字风格。通常来说，能让自己的文字做到“有趣”是一个很高的标准。在可能的情况下，既不费力搞笑，但又不故作深沉，能把事情讲明白的同时，让人觉得很有趣，这种效果是比较好的。

大致可以把有趣的文字风格分成如下几类。

段子手：满篇都是各种搞笑和段子，读起来很欢乐。

开脑洞：作者脑洞比较大，经常会举出很多出人意料的假设或者联想，可以把一些无聊的事讲得很有趣。

平地见奇：文字本身可能比较平，但所叙述的事件、经历、想法都很独特，产生了一种反差，效果也比较好。

金句：通过适度的改变创造，反鸡汤的形式写出很多发人深省的金句。这种文章含金量都很高，产量虽低，但效果极佳。

3.2.5 投放：频次和节奏需要呼应

对于商家自己进行调整即可随时完成的内容来说，是谈不上投放概念的，如更新详情页或者外包装。对于完全是被动等待产出的内容来说，也没有投放的可能，如30天销售量、用户评价、第三方新闻等。

所谓投放，主要针对可以主动传递到读者面前的渠道而言，如商家自己的微淘、阿里创作者的淘宝头条渠道等。从某种意义上来讲，这种投放都需要对应一定的资源消耗，反过来讲，只有涉及资源消耗的投放才是我们真正需要做评估的投放。

微淘需要有人制作，有人按时去发布，这些虽然可能没有现金的消耗，但人力和物力都在消耗。淘宝头条等创作者渠道，往往需要付出真金白银才能发布，这就是更直接的金钱消耗。

在投放图文类内容时，应该重点关注投放的频次及用何种节奏投放，这将决定我们投放所消耗的资源是否合理。

1. 保证日常投放合理频次

对于刚刚接触图文类内容的商家来说，往往无法确认自己做投放用何种频次比较适合，经常会出现“试试看”的心理。发一次试试，再发一次试试，试着试着可能就不做了。

由于经验和能力的限制，很多人实际上是无法准确判断每次投放是否合理的。这非常类似于几年前大家投放直通车广告，知道需要花钱，但每次花钱到底产生了什么效果？尽管能看到广告的展现，甚至还有后台的数据，但依然无法判断。

下面针对大家在投放时经常出现的错误操作进行梳理，希望帮助大家更好地操作。

1）错误方式：间隔太长，发一次就没下次了

内容的投放并非是一次、两次就能见效的，一定要保证一定的投放频次，而且坚持下去。

也许对于某些快消品，投放一次就可以见到当次的效果，似乎一次一次投也很正常。但在理论上，电商是没有绝对即时性刚需的，凡是能忍得了快递送货的，也都有可能在这个过程中变卦。

所以，投放内容时，不要只顾眼前，更要考虑长久投放。

2）错误方式：过于频繁，让人觉得被打扰

间隔时间太长不对，间隔时间太短也不好。

以图文内容作为载体，其本质属于一种软性广告，消费者看到时的感觉是介于广告与非广告之间，比较朦胧的感觉。但一旦将频次加密，让消费者察觉出其中的广告意味，那么这种软性广告就变成了硬性广告，其作用将大打折扣。

尤其是对于一些理性购物的耐用品来说，当消费者意识到这可能是个硬广时，甚至可能产生负面效果。

3）错误方式：过于集中，失去了矩阵影响力

内容投放是一种农村包围城市的逻辑，星星之火可以燎原。

只有一个人说你的产品好，可能这个人被收买了。如果所有人都说你的产品好，用各种形式，各种表述方法，哪怕是因为你收买了所有人，大家也会觉得你的产品真的好。

所以，即使有一个账号特别优秀，影响力特别大，投放后的收益特别好，也不能只做这一个账号的内容投放，需要多个账号一起投。

2. 活动节奏对投放有影响

直通车和钻展等硬广工具都是即时性生效的，所以，哪怕在大促当天去投放也会有很好的效果。但对于微淘和创作者渠道来说，如果都等着大促当天或者临近大促的时候再发内容，就已经晚了。

图文内容也有即时性偏硬广的部分，但这肯定不是最重要的部分。大部分图文发挥作用，都是当消费者还没有进入到狂热购买阶段之前产生的。

下面以一场预热周期为 7 天，实际实施 2 天的官方大促为例，来帮大家理顺一下节奏对投放频次和内容类别的影响。

1）提前 15 天做头条内容布局

淘宝头条是中心化流量中最容易被忽略的，也恰恰是最不应该被忽略的。

容易被忽略的原因是，很多文章阅读量不高，转化率也不高，所以，感觉好像没有用。不应该被忽略的原因是，淘宝头条是为数不多的可能产生爆炸性流量的地方，而且尽管直观转化不高，但潜在收藏和加购物车会很多。

通常头条的流量出现爆发性增长，一般是在 3 ~ 5 天之后，会持续 10 ~ 15 天结束。所以，如果从提前 15 天开始，每个账号每隔 2 ~ 3 天发一篇文章，哪怕其中只有一篇流量超高，也会起到非常好的预热作用。

2）提前 10 天，其他内容布局

淘宝头条的内容审核速度比较快，但其他的渠道内容审核速度可能会

很慢。所以，也许是需要在大促提前 3 ～ 5 天发出来的文章，但提前 10 天就要做排期布局。

最终要实现的目的就是，每个内容的展现都可以覆盖活动的预热期和实施期。

3）从挑选到下单，微淘渐进式推进

除了微淘正常发的店铺活动外，从大概提前 10 天开始，就要发一些帮助大家挑选产品的攻略性文章，明确与竞品的区别，确保客户不会再摇摆犹豫。

后续逐步过渡到自己产品的对比和购买建议，让客户了解需要购买的种类、型号、数量等具体信息。

最终在临近活动 1 ～ 2 天和活动实施当天，改为发送活动促销信息，让消费者明确哪种方式最省钱，并知道自己需要花多少钱。

活动结束后，记得再发一个战报，让每个消费者都觉得自己买对了、抢到了、省钱了，可以降低很多售后风险。

上述是站在商家角度来对内容做的布局，和创作者角度会有比较大的区别。尽管每次活动的具体预热时长和实施时长都不一样，但上述投放方式的逻辑并不会改变，一通百通。

案例：小米瓷砖的双 11 内容运营战绩分析

小米瓷砖是墙地面行业的腰部商家，并不属于瓷砖行业的传统品牌，但在线上销售一直都比较好。2016 年，小米瓷砖利用双 11 的机会，通过与创作者合作也带来了比较可观的收益，如图 3-73 所示。

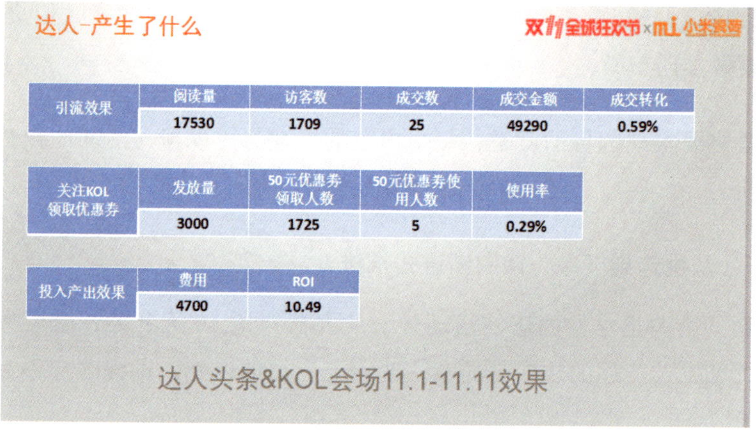

图 3-73

2016 年双 11 分为 KOL 和普通创作者两个维度。

（1）KOL 渠道。KOL 的双 11 会场是比较新的渠道，一开始由于不太了解具体情况，所以耽误了时间，最终成功合作的有 3 位，其中有 1 位效果较好。

提前 15 天开始生产内容，共计生产 3 篇，其中 1 篇阅读量较高。

（2）淘宝头条渠道。淘宝头条渠道与“单毅讲装修”合作，虽然不在 KOL 会场，但也是打标双 11 的淘宝头条内容，而且由于是长期合作，配合度比较好，最终也取得了比较好的效果。

提前 15 天开始生产内容，共计生产 3 篇，其中 1 篇阅读量较高。

通过本次活动实施，实际花费 4700 元，阅读 17530 次，引流 1709UV，成交 25 笔，共计 49290 元，ROI 为 10.49。

由于 2016 年双 11 是第一次大规模引入创作者合作，机会虽然难得，但操作并不完美，以后还有调整空间。总结如下：

（1）投放要早，最好是一直合作的创作者，这样成效会比较不错。临时抱佛脚不推荐。

（2）与创作者合作，沟通很重要。特别是在想与创作者合作但创作者很忙的情况下，电话沟通表现诚意与实力是最好的。

(3) 活动后要与创作者保持沟通，获取活动数据。内容后台很多数据不完善，创作者后台可以补充一部分，加强数据分析。

(4) 关于内容输出节奏，值得一说的是，创作者在预热时候输出是最好的。太早或者太晚都不合适。

3.2.6 监控：即时了解并做即时调整

如同我们在投放直通车和钻石展位（简称“钻展”）广告时一样，内容的投放也可以随时观察数据，随时进行优化。只是由于不像直通车和钻展那样有直观的操作后台，所以，操作起来不是那么简单。而且，由于展现的逻辑不同，所以，监控的数据和执行的优化方式也不一样。

这里所说的监控主要是指由我们通过微淘或者创作者渠道主动投放的内容。

主要工作包括“监控”“优化”“复盘”三个部分，目标是让投放更有效。

1. 数据层面的效果监控方法

对于内容投放来说，第一数据指标就是阅读量。阅读量直接代表了文章的影响力、受众数量等结果性指标，由于阅读量和流量比较相似，也是用 UV 和 PV 来表达，所以，对于商家来说很容易理解。

除了阅读量之外，还有一个对于商家来说不是很好理解的数据指标——互动量。互动量没有阅读量那么直观，但对阅读量和最终文章引导销售达成的效果都会有很大影响，而且也是平台会考核的权重指标，所以，互动量也是非常重要的。

下面针对数据考核层面进行分析。

1）不是所有渠道都能看到数据指标

首先，必须明确一点：不是所有渠道都能看到数据指标。

我们在阿里平台做生意，习惯了拿各种数据来做决策支持，很难想象居然有一个投放方式是没有直观数据的。不但没有 ROI 数据，也没有流量数据，甚至连阅读量也看不到。

所有数据指标的建设都是一个过程，目前内容投放还在初始期，很多配套数据并不完善。但也正是因为这种不完善，才给更努力的人留下了机会。

2）阅读量是一个动态变化的重要指标

阅读量通常可以从一篇文章的顶部看到具体数值，有时也能在文章列表页看到部分文章的阅读量。

个别渠道还会有后台版本的文章阅读量，例如，淘宝头条有独立的生意参谋数据分析工具。

阅读量是一个动态指标，所以，千万别只看一次，应养成随时检查的习惯。例如，通过创作者发布了一篇淘宝头条，那么就要把这个头条的链接保存好，每天打开看一遍最新的阅读量数据，并做一个记录，如图 3-74 和图 3-75 所示。

图 3-74

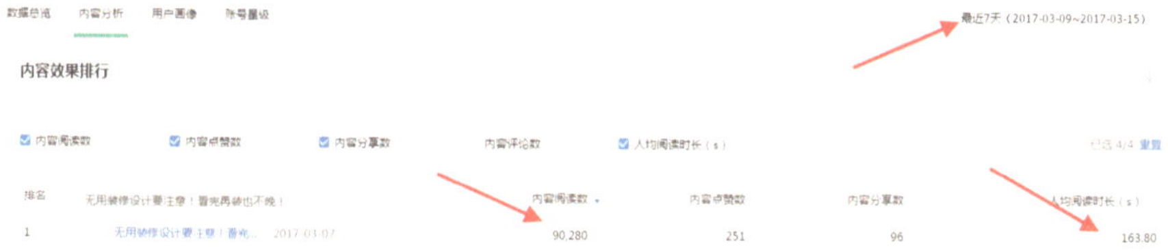

图 3-75

3）互动量是很多指标的合称

互动量并不是一个独立的数据指标，而是一系列读者互动指标的合称。这些指标包括评论数、点赞数、收藏数、转发数等。

对于淘宝头条和微淘等平台分发推荐的图文内容来说，互动量是一个非常重要的权重。一篇能够被持续推热的文章，一定有很好的互动量，并且能一直保持比较高的互动率。

2. 随时优化的方法分析

内容一旦投放就无法进行调整了，但还有一些其他方式来做优化。

优化的目的不是让内容很差的文章起死回生，而是通过优化的手段避免一些因为发稿时段、恶意评论等因素导致的文章效果较差。通过优化也可以让本来就很好的文章好上加好，成为经典。

通常可以使用如下方式来进行优化。

1）及时回复评论

很多作者都做不到及时回复评论，但及时回复评论恰恰是与粉丝互动的最佳手段。当所有人都意识到文章的作者会亲自来评论区互动时，进一步互动的积极性就会很高。

尤其是当作者可以直接帮助读者解决具体问题时，对引发互动量的增加非常有帮助，如图 3-76 所示。

图 3-76

2）引导读者评论

当一篇文章一个评论都没有时，我们可以率先提问，起到抛砖引玉的作用。

很多时候，读者之所以不评论，并不是没有话要说，只是没意识到自己也可以发评论。所以，当有评论抛“砖”时，其他读者的“玉”就会被引出来。

通过在评论区的互动，可以创造出非常吸引人的互动氛围，最终导致有些文章的评论比文章本身还好看，如图 3-77 所示。

图 3-77

3）分享式扩散

一篇好的文章，除了平台做足够的分发外，更需要通过分享引起更多人的兴趣。

一篇阅读量很低的文章，也许通过分享被更感兴趣的群体发现，突然成为爆文，这并非不可能。我们要做的就是当发现阅读数量可以提升时，就积极地去做一下分享。

4）剧本式问答

如果发现文章内容有一些地方需要补充和完善，但又无法对文章本身做改动，那么不妨通过设计好的剧本在评论区来做补充。

内容的本质都一样，只要能够软性地影响目标读者就可以，评论中的剧本式问答与文章正文中的情节和套路一样，都是可用手段。

3. 做好复盘争取下次更好

不但这次要做好，下次更要做好。

内容生态正在飞速发展，每一次实操都是一次学习。随时复盘，随时整理，随时改进，这是我们的必备技能。

在每次内容从投放到结束的过程中，建议按照如下方式操作。

1）问题逐条记录

养成记录问题的好习惯，随时把出现的问题记录下来。

2）归类整理问题

定期对记录好的问题做归类整理，磨刀不误砍柴工。

3）提出解决建议

首先，可以把相关问题发给具体责任人，由责任人给出建议。

然后，以小组讨论的形式来完善建议，并确认下次调整方法。

4）实践往复循环

使用调整后的方法再次实操，再次记录问题，往复循环。

4

做好图文内容的创作

本章要点：

* 内容定位
* 内容创作
* 内容运营

4.1 内容定位

如今，电商从草莽阶段过渡到了定位阶段，定位成了电商的常用词，开网店要定位，生产产品要定位，推广品牌要定位。在新媒体时代，内容也需要定位，阿里创作者更需要定位。定位是为了明确我们的内容给谁看，希望起到什么作用。那么阿里创作者该如何定位内容？

4.1.1 分析现状

1. 市场分析

在进入阿里创作平台后需要对整个市场进行分析，首先要明白阿里创作平台为什么能成为内容变现最快的媒体平台？

阿里创作平台入口如图 4-1 所示，这个平台的前身是微淘，笔者是随着微淘一路成长起来的。在笔者的记忆里，微淘内测时的邀请码可谓“一码难求”，甚至被“炒”到一万元一个，之后微淘、优站、拾货合而为一，成为现在的阿里创作平台。淘宝头条在 2015 年发力，成为整个平台的主力军，从一开始跟随微淘、优站、拾货共同成长起来的阿里创作者首先获益，迎来了内容的春天，实现了粉丝经济变现，淘宝头条也迎来了各路“大咖”的争相入驻。在阿里创作平台上创作的文案都是与产品有关的，我们可以称其为产品文案。

图 4-1

来到阿里创作平台之前，有的人是某些专栏的作者，有的人是某些平台的意见领袖，有的人是某些平台的“大咖”，还有的人是自媒体、设计师、淘宝卖家等。不管以前的身份是什么，来到阿里创作平台就要入乡随俗，扮演的角色就是阿里创作者。

那么什么是阿里创作者？笔者认为阿里创作者是利用碎片化时间帮助消费者在商品的海洋中快速找到他们所需要的商品的人。笔者也见过很多知名的新媒体人、设计师、编辑、网络模特、大学教授来到这里出现水土不服的现象。笔者认为，归根结底的原因在于他们不懂阿里创作平台的玩法和套路。

阿里创作者需要将自己的专长与领域进行匹配，目前阿里创作平台（平台地址：https://we.taobao.com）有 10 个领域，分别为型男塑造师、居家巧匠、文娱先锋、户外行者、数码极客、美食专家、美妆老师、母婴顾问、潮女搭配师、时尚车主。比如笔者是室内设计师，笔者的专长更靠近家装家饰，因此可以选择居家巧匠这个领域。这些领域都是缘自淘宝对商品品类的细分，如图 4-2 所示。

图 4-2

在这 10 个领域中选择自己擅长的领域后，可以根据本书附录 1 所划分的类目匹配领域，进行选品或策划选题。领域的匹配是根据产品文案中植入的产品等因素来识别匹配文案所属领域的，所以选对类目商品也是非常重要的，否则会被平台扣分。在未来和商家对接的商业行为中，达人指数是衡量创作者账号优质程度的重要依据之一，如图 4-3 所示。

图 4-3

2. 用户分析

在用户分析中，可以通过分析粉丝年龄、性别、类目偏好、风格偏好、地域偏好等数据，来调整自己的文案主题方向，如图 4-4 和图 4-5 所示。

图 4-4

图 4-5

做好创作者账号的定位是非常重要的，如果账号定位不清晰，就会出现今天写服饰，明天写美食，一片混乱的状况，并且创作者无法专注地生产内容。优秀的创作者账号一定要有自己专注的领域，只有在自己专注的领域内精耕细作，才会获得粉丝的认可，提高粉丝的黏度。账号定位清晰也会赢得精准的流量。

4.1.2 优秀创作者案例

1. 案例：虎扑—识货

虎扑—识货基于用户画像以及消费行为等数据参考，将自己的内容定位为户外运动领域，以科普性知识、深度测评为主要内容，结合与导购相关的基础运营持续地生产内容，并以自己的测评标准，影响着品牌方和生产方，如图 4-6 所示。

图 4-6

2. 案例：茉莉妈妈

茉莉妈妈的内容定位是母婴好货指南，其针对追求生活品质的妈妈群体。茉莉妈妈的创业团队成员分别来自阿里巴巴、京东、唯品会、宝洁等，公司团队本身具有强大的电商背景，所以在选品上占据了优势。选品的优势决定了其母婴好货指南的定位，并且茉莉妈妈的初心是帮助妈妈推荐母婴类产品，其最初是切入母婴特卖的模式，后来发现母婴特卖模式不健康而转向了内容，如图 4-7 所示。

图 4-7

3. 案例：年轮故事

年轮故事的内容定位是精致家居生活资深顾问，分享装修设计经验、居家收纳、居家用品测评、智能家电选购、生活妙招、居家小窍门等知识。年轮故事在居家巧匠领域深耕细作，致力为粉丝提供精致居家生活的知识，做一个有温度的阿里创作者，如图 4-8 所示。

图 4-8

4．案例：反面案例

图 4-9 所示的阿里创作者账号的定位是母婴领域，但是其内容中出现了关于灯具的内容，这就影响了账号的专注度。如图 4-10 至图 4-12 所示，这几篇内容跨度过大，从刚出生的婴儿到中大童都有涉及。一般在母婴行业中，会有婴儿、小童、大童之分，生产服装也有明显的定位区分，一般粉丝希望看到的内容更精准，而不是自己的宝宝 10 岁了，还要翻阅婴儿奶粉、婴儿床等内容。所以在写文案内容前一定要先定位清晰，才能吸引粉丝，从而持续生产内容。

图 4-9

图 4-10

图 4-11

图 4-12

4.2 内容创作

在写内容之前，我们需要明确这个文案要投放在阿里创作平台的哪个渠道。因为每个渠道都有自己的粉丝群体，所以要熟悉淘宝内各个渠道的规则。下面罗列了目前淘宝内现有的渠道，对于具体规则就不赘述了。阿里的价值观之一就是拥抱变化，不管渠道和规则怎么变，只要有自己独特的创作风格，就一定会应付自如的。

4.2.1 淘宝内渠道解析

所谓的渠道，在阿里创作平台中被称为频道，如图 4-13 所示，简单理解就是各个流量入口。

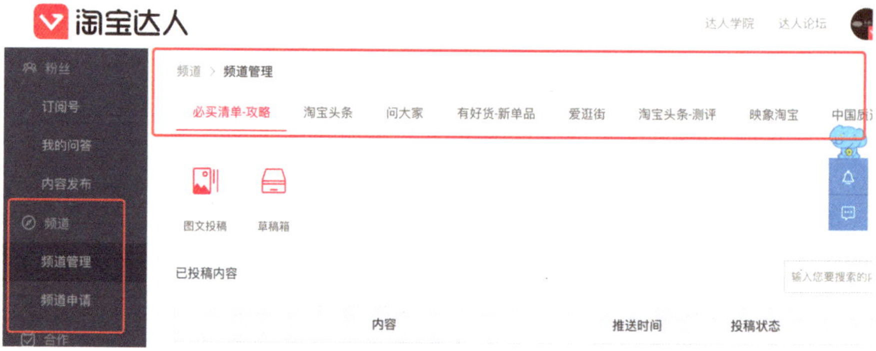

图 4-13

1. 微淘

微淘是我们进入阿里创作者平台后看到的第一个频道，其入口如图 4-14 所示。现在微淘的展示页面分为四个部分，如图 4-15 所示，分别是关注动态、宝贝上新、视频直播、精选热榜。好的内容可以通过精选热榜以及参加话题引来流量。微淘的内容发布入口如图 4-16 所示。

图 4-14

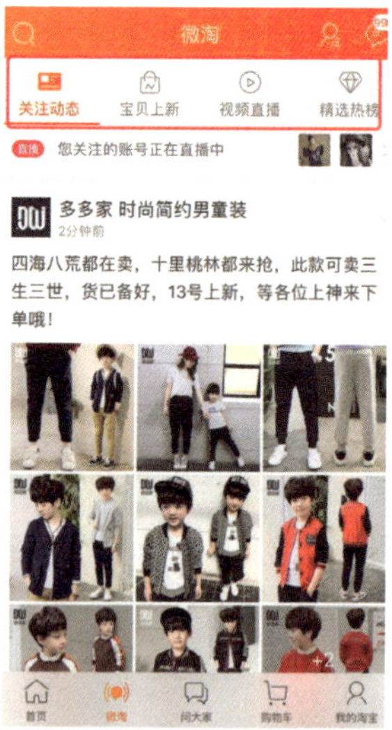

图 4-15

图 4-16

2. 淘宝头条

淘宝头条频道位于手机淘宝的第一屏，如图 4-17 所示，它是七大中心化流量入口之一，这个频道的特点是以标题吸引粉丝点击，以文案引导粉丝成交，以及通过 V 任务平台收取服务费，实现内容变现。

图 4-17

淘宝头条和今日头条最大的不同之处在于，今日头条在内容中可以植入商品链接，而淘宝头条的文案偏产品，我们称其为产品文案或者导购，也就是引导消费的帖子。随着今日头条粉丝的成熟，今日头条慢慢走向了“资讯化”，其以丰富粉丝阅读为内容走向；而淘宝头条以有趣的内容及导向。目前，今日头条的另一个内容方向为热点资讯。

3. 头条评测

头条测评是淘宝头条在2017年推出的重点频道，其中有热点专题、新品开箱、产品横评等内容。评测改变了传统新品在市场中出现的链路，传统的大众品牌打造爆款的玩法会渐渐退出舞台，新品的上市环节也渐渐会从传统媒体转向新媒体，而测评可以作为首要的新品推广工具。测评的内容有图文，也有视频，让用户所见即所买，将一个产品的优点和缺点都展现出来，让用户一览无遗，创作者将引领消费潮流，引导消费者一次次触发付费按钮。图4-18中标注框中的内容为淘宝头条入口，在淘宝头条的分类栏中，图4-19中标注框中的内容就是评测的入口，2017年头条评测功能上线后，第一季的亲测节活动页面如图4-20至图4-25所示。

图 4-18

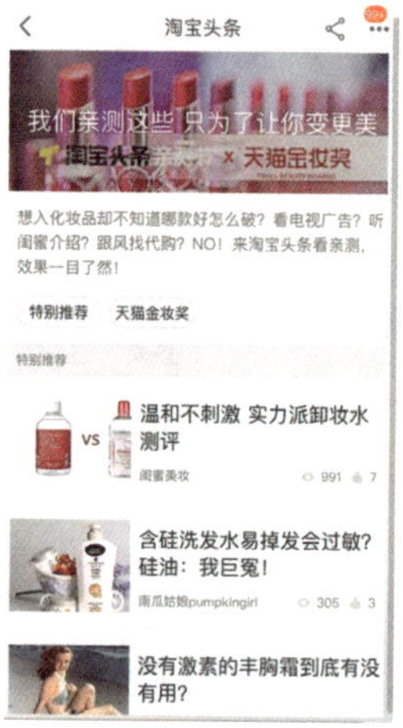

图 4-19

图 4-20

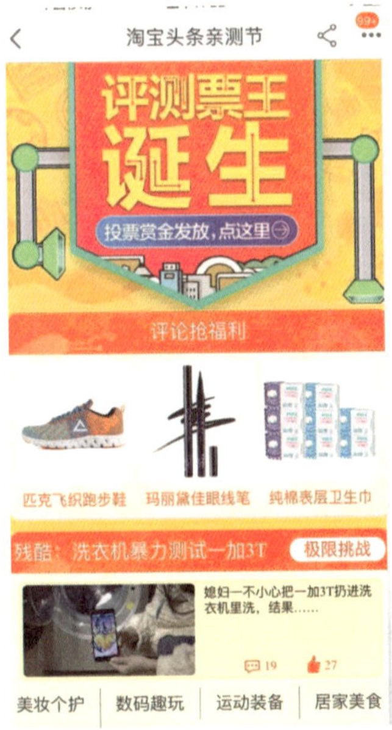

图 4-21

图 4-22

图 4-23

图 4-24

图 4-25

4. 必买清单

必买清单频道入口如图 4-26 所示。以前必买清单有两种类型：双列样式的主题购清单和图文帖子样式的攻略清单。经过一段时间的发展，双列样式的主题购清单渐渐退出手机淘宝，留下的是图文帖子样式的攻略清单。攻略清单有两大王牌栏目——“热点”和“有趣”，如图 4-27 所示，这两个栏目主要以目前的热点话题、热门事件、潮流趋势并结合趣味性的内容为主。攻略清单的后台入口如图 4-28 所示。图 4-29 所示的是一篇文案通过审核后上了热点栏目的数据流量图，其一天的阅读人数达到了 16 万，阅读次数达到了 23 万，而这还只是冰山一角。

天猫|家装节
家具1块钱
大家都在抢
天猫
聚划算
天猫国际
外卖
天猫超市
充值中心
飞猪旅行
领金币
到家
分类
淘宝头条
超赞 听说今年流行这样的厨房！
热评 如何定制橱柜 看懂了不吃亏！
淘抢购
00:38:03
有好货
高颜值美物
爱逛街
新品逛不停
必买清单
一站式攻略
首页
微淘
问大家
购物车
我的淘宝

图 4-26

必买清单
99+
首页
送礼
耍帅
化妆
搜索你要找寻的清单
#热点
四海八荒衣品只服夜华
撩妹术你也能copy
#有趣
三月不减肥四月徒伤悲
亲！拿好你的瘦身餐！

图 4-27

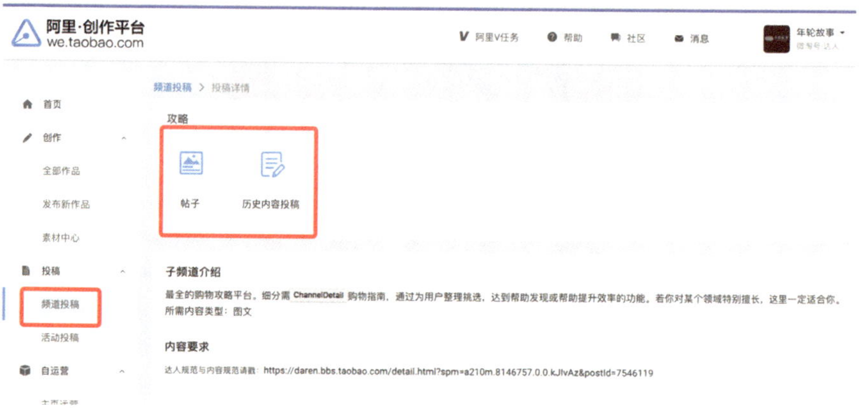

图 4-28

详细数据

日期	阅读人数	阅读次数	评论	点赞	分享	成交额（元）
2017-03-08	8	14	-	1	-	-
2017-03-09	28	41	-	2	-	-
2017-03-10	684	1065	-	14	1	[illegible]
2017-03-11	1481	2313	-	38	6	[illegible]
2017-03-12	160973	235340	-	3025	1022	[illegible]

图 4-29

必买清单频道下分别由送礼、耍帅、化妆、穿搭、下厨、健身、海淘、置家、育儿、旅行、其他场景构成，如图 4-30 至图 4-32 所示，为消费者提供了各个场景下的个性化商品推荐。必买清单围绕“帮一个 list 买对买全、整理商品，帮助用户做购买决策”的内容定位，为用户提供具有新鲜感和品质感的内容。其中各个场景介绍如下。

图 4-30

图 4-31

图 4-32

穿搭：适合写一些服饰搭配的趋势介绍，实用的穿衣介绍，热门或实用的女装、鞋包、配饰品牌及商品盘点。适合的选品行业有女装、鞋包、内衣、珠宝配饰等。

耍帅：适合写一些热门的男性服饰搭配趋势介绍，实用的穿衣介绍，热门或实用的男性服饰、鞋包、内衣、洗护、配饰品品牌及商品盘点。适合的选品行业有男装、鞋包、内衣、洗护、配饰。

化妆：适合写一些热门美妆趋势介绍，实用妆容教程介绍，热门或实用的母婴、百货品牌及商品盘点。适合的选品行业有美妆。

置家：适合写一些热门的家居趋势介绍，实用家居方法介绍，热门或实用的家居、家电、百货品牌及商品盘点。适合的选品行业有家居、家电、百货、玩乐。

运动：适合写一些流行、热门的运动装备品牌及商品盘点，专业运动教程的介绍，实用运动装备的横向测评等。适合的选品行业有运动户外、男女装等。

送礼：适合写针对送礼需求的品牌及商品盘点。适合的选品行业有美妆、百货、数码、食品、母婴、珠宝配饰。

爱吃：适合写热门的美食商品盘点，实用的美食制作教程介绍。适合的选品行业有食品。

育儿：适合写一些实用的育儿教程介绍，热门或实用的母婴、百货品牌及商品盘点，母婴服饰搭配趋势及实用穿法介绍。适合的选品行业有母婴、百货。

海淘：适合写一些海外热门、实用品牌及商品盘点。适合的选品行业有天猫国际、西选。

旅行：适合写一些热门的实用线路盘点。适合的选品行业有航旅、百货、数码。

潮玩：适合写一些新奇、有创意、有科技感的品牌及商品盘点，以及手办、周边、模型等品牌及商品盘点，数码、电器、汽车等商品的横向测评。适合的选品行业有数码、家电、汽车、玩乐。

其他：一些无法归类到十大场景的场景。

5. 有好货

2017 年有好货频道上线 5 年了，有好货的定位是中高端消费人群，所以要选择高品质的商品。目前有好货的版面还未切换到新的版面，并且从单品模式转变成图文帖子及图文与视频结合的帖子形式，其图文帖子定位为高品质商品背后的品牌故事，流量入口如图 4-33 所示，后台入口如图 4-34 所示。

图 4-33

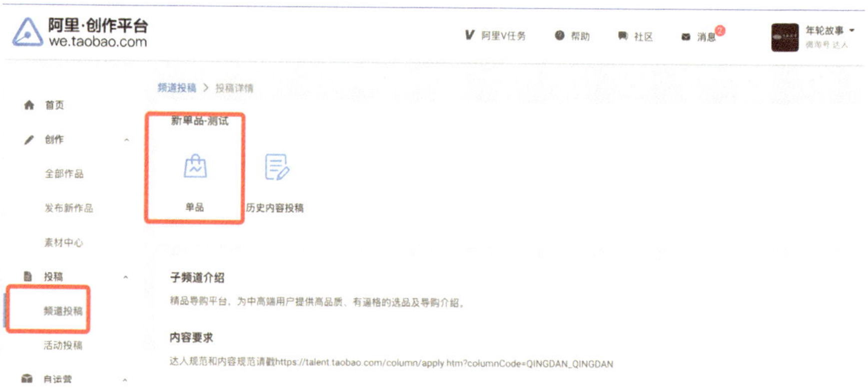

图 4-34

6．爱逛街

爱逛街定位为女性内容消费频道，围绕时髦、流行等价值点，不断引导手机淘宝的女性用户的消费升级。爱逛街的内容以服饰搭配、美妆、生活等领域为主，其流量入口如图 4-35 所示，后台编辑入口如图 4-36 所示。

图 4-35

图 4-36

7. 问大家

问大家频道的流量入口如图 4-37 所示，其后台回复入口如图 4-38 所示。目前问大家频道中运营流量最大的是圆桌会议，其话题根据领域来划分，如图 4-39 至图 4-41 所示，目前重点在美妆、家居、母婴栏目。具体匹配话题可以见本章附录 2，回答规范可见本章附录 3。问大家中心流量目前还不属于中心化流量，之所以将其单独列出来介绍，是因为笔者预测问大家会成为未来的社群营销模式的爆发点（问大家正在改版中，改版方向和笔者预言吻合）。

亚麻连衣裙
澳洲冷鲜牛肉 新鲜直达
99元至尊体验
天猫
聚划算
天猫国际
外卖
天猫超市
充值中心
飞猪旅行
领金币
到家
分类
淘宝头条
爸妈网购装修的房子美如画，实在出乎意料
淘抢购
有好货
颜值美物
爱逛街
又来新品啦
必买清单
一站式攻略
微淘
问大家
购物车
我的淘宝

图 4-37

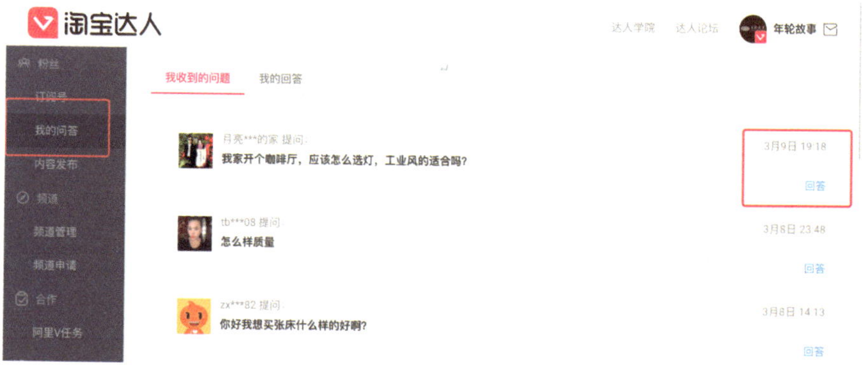
淘宝达人
达人学院
达人论坛
年轮故事
粉丝
订阅号
我的问答
内容发布
频道
频道管理
频道申请
合作
阿里V任务
我收到的问题
我的回答
我家开个咖啡厅，应该怎么选灯，工业风的适合吗？
3月9日 19:18
回答
怎么样质量
3月8日 23:48
回答
你好我想买张床什么样的好啊？
3月8日 14:13
回答

图 4-38

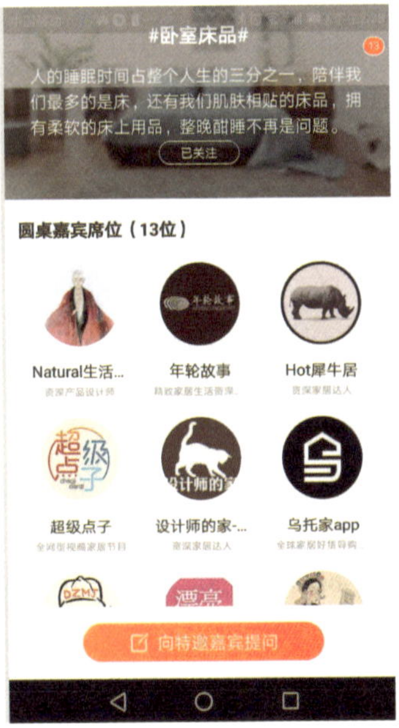

图 4-39

图 4-40

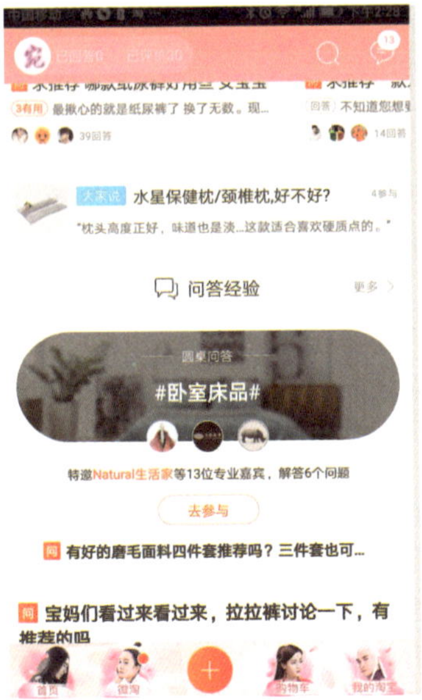

图 4-41

8．其他流量入口

除以上这些流量入口，还有七大流量入口的每日好店、淘宝直播、生活研究所等，现在还开辟了行业流量，比如我淘我家、时尚大咖、极有家、iFASHION、实惠好货、品质好物、家有萌娃、潮男养成、中国质造、全球时尚等流量入口。因为淘宝的政策在时时变化，所以这里就不一一介绍了，具体信息可以到淘宝大学的淘宝达人学院来学习。

4.2.2 文案基础要求

优质的文案都具有以下基础要素。（这里所说的规则都是基础规则，各个渠道都有自己的一些规则，在写作前一定要仔细阅读规则。）

1．领域专注度

作为阿里创作者，要专注自己的领域，而且生产的内容占比不可以低于 70%，领域的专注度和账号的定位要相关联，如果账号没有很好的定位则账号就不够专注，例如今天写关于美妆的内容，明天写关于美食的内容，则无法体现自身的专业度，也无法提高粉丝的黏性，并且指数分也会被扣分。指数分是衡量一个账号质量的要素，所以不可被忽视。下面看一个案例。

如图 4-42 所示，此账号的定位为“潮搭”，如果再将这领域细分一下则会更好，比如某些细分人群的服饰搭配，如“森女”风格或者“小清新”风格，比如笔者喜欢复古风格，那么肯定想看复古风格搭配的内容而不是“小清新”或者其他的搭配风格，毕竟每个人的时间是有限的，大家都是用碎片化时间阅读。

明确账号的细分定位后，就可以一直在这个方向产出内容，不要像图 4-43 至图 4-45 所示的账号一样，放上很多与定位不相关的家居类的摆件。

图 4-42

图 4-43

图 4-44

图 4-45

2. 图片质量

阿里创作平台中的各个渠道对上传的图片都有自己的规则，其中一些最基础的规则是不可以违反的，具体介绍如下。

（1）图片上不可以有品牌的 Logo、文字类信息，如图 4-46 和图 4-47 所示。这里所说的文字类信息是指除商品本体和场景图以外的所有文字，只要图片上有文字（见图 4-48 和图 4-49），就会被机器识别为“牛皮癣”。

图 4-46

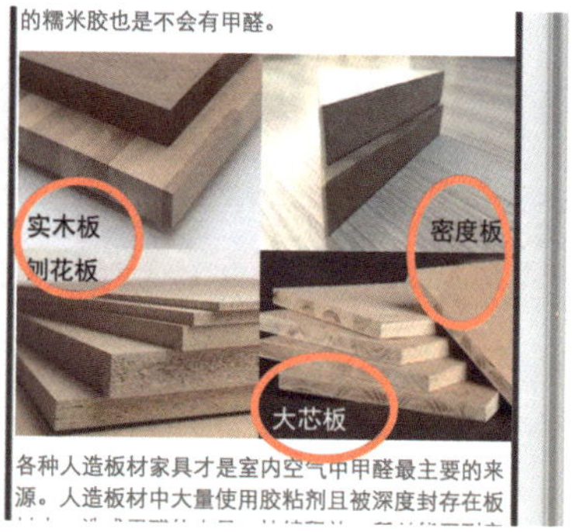

图 4-47

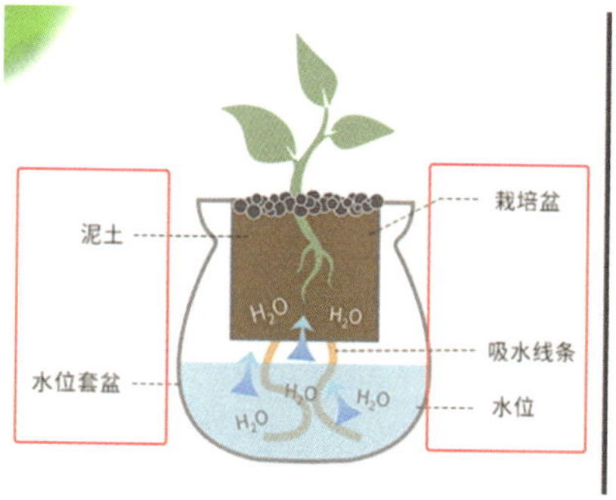

图 4-48

图 4-49

（2）图片不能模糊不清。如图 4-50 所示，像素小的图片会被放大从而导致图片不清晰，所以要避免这种情况。如果对图片处理还有疑问，则可以在淘宝大学中学习一下美工基础课程。

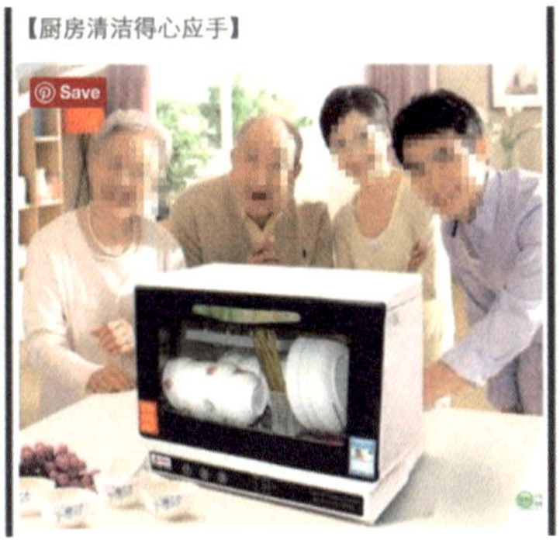

图 4-50

（3）图片不可以变形，如图 4-51 所示；图片上不可以有框线，如图 4-52 所示。

图 4-51

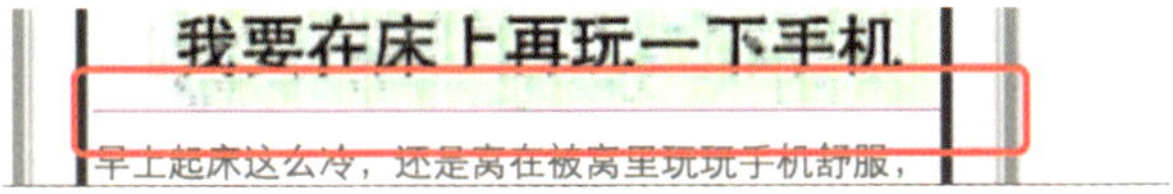

图 4-52

（4）上下两张图片不可以是同一个商品的头图，即商品主题和描述中的图片不可以用来作为文章中的插图；不能用中国、日本、韩国明星的头像；图片质量也是影响创作者指数的因素。

3. 文案质量

淘宝对于文案质量的基本要求介绍如下。

（1）文案中要无促销信息，如图 4-54 所示。作为阿里创作者，我们的使命是为粉丝推荐优质、有趣、有调性的商品，我们所选择推荐的商品代表着一种潮流方向，甚至可以作为潮流的风向标，而不是只会以低价促销。

（2）文案中不能改链接，如图 4-54 所示，要知道，阿里创作后台编辑页面中有专门放链接地址的按钮，如图 4-55 所示，而且只能放淘宝的链接，若放其他外网的链接都属于违规操作。

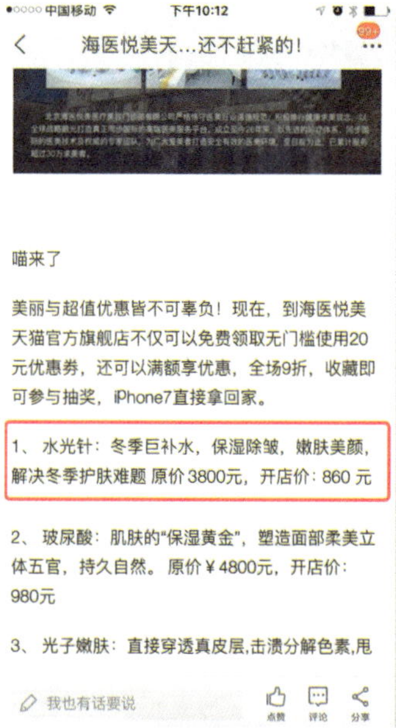

图 4-53

图 4-54

图 4-55

（3）文案中不要包含与微博、微信相关的词，即不要出现微博、微信、APP 等淘宝会屏蔽的词。

（4）整篇文案要有图片并且划分段落，如图 4-56 至图 4-60 所示。文字加图片是提高文案可读性的常用方式，所以好的文案一定要具有可读性，一般 3 ~ 5 行文字后就要加配图。

图 4-56

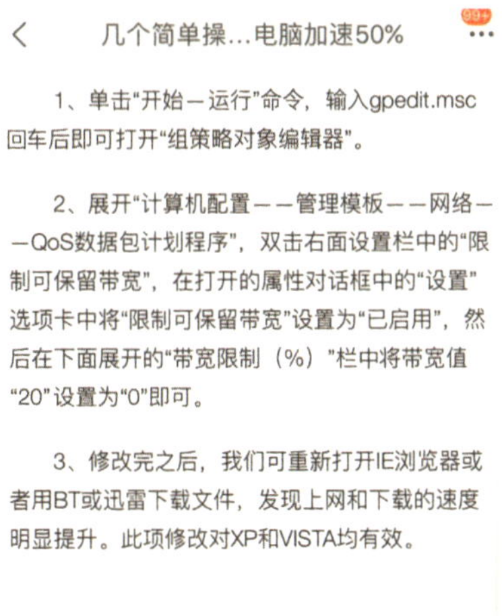

图 4-57

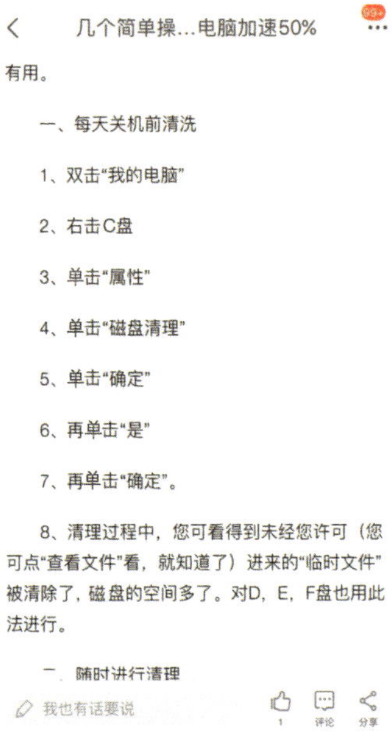

图 4-58

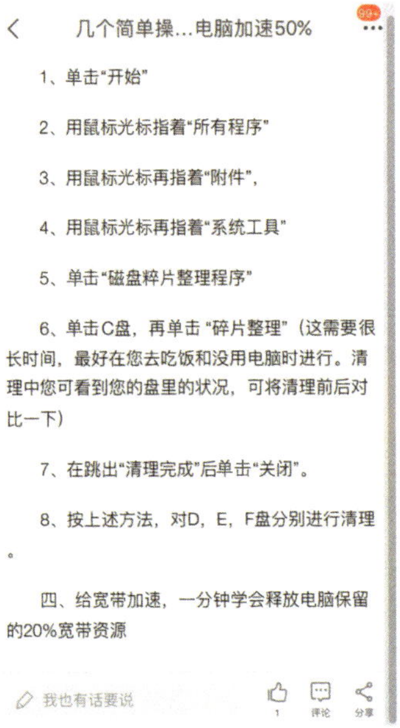

图 4-59

（5）一篇优秀的文案不可以在一段引文后，就直接开始推荐商品（见图 4-61 至图 4-63），这属于商品罗列文案，并没有看点，而现在粉丝的习惯已经逐步从纯粹购买过渡到通过阅读吸收知识了。

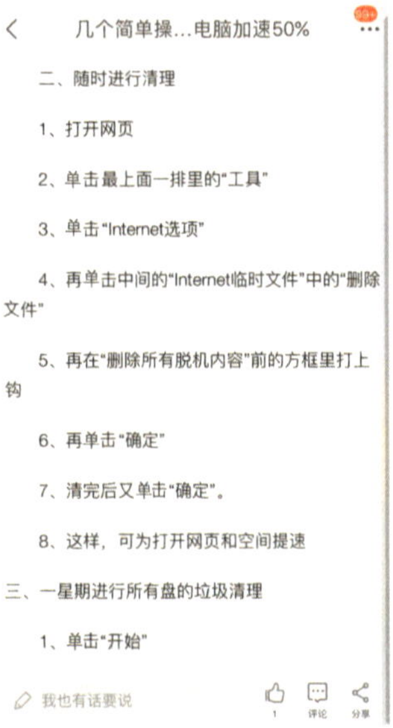

图 4-60

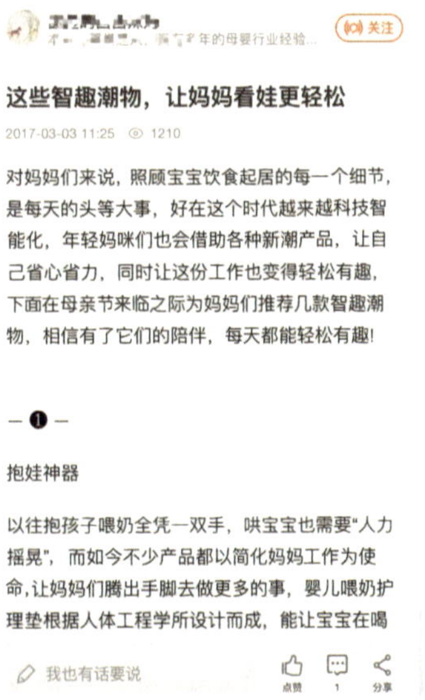

图 4-61

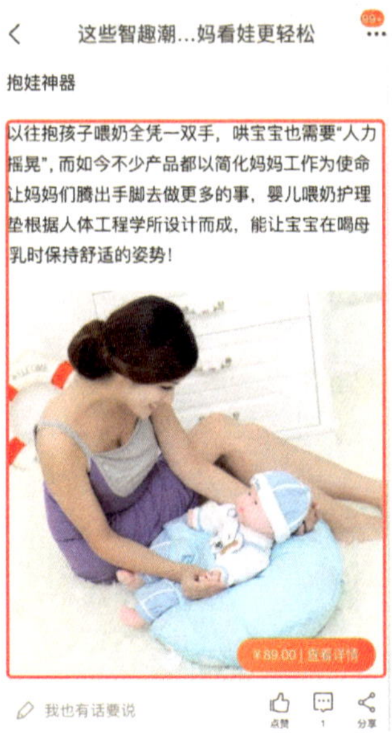

图 4-62

图 4-63

4. 商品质量

在选择推荐的商品时不可以选择低价促销的商品，如图 4-64 所示，每个渠道对选择的商品都有不同的要求，我们可以根据各个渠道的要求来挑选符合要求的商品。在商品的质量把控上要注意两点，一是商品的单价不可以低于类目的平均价格，二是商品的动态分要“飘红”。在动态分的选择上各个渠道都有自己的标准，比如攻略渠道只要商品的动态分不低于 4.6 分就可以了，淘宝只要商品的动态分有两项“飘红”就可以了，但是如果要写一篇优质的文案，则笔者对选品的要求是三项动态分都要“飘红”，如图 4-65 所示。

图 4-64

图 4-65

5. 创作能力

能够做到持续产出内容是非常重要的，这关系到整个阿里创作者账号的指数变化，也关系到粉丝的阅读感受。如果文案没有定时更新，则粉丝的黏性就会降低，粉丝也有可能流失，前面的努力也就白费了。近 30 天产出不少于 5 篇文案，这是最低的要求。

6. 其他

另外,账号昵称中不要含有促销信息,如“9 块 9 包邮”“VIP”“划算”“团购”“白菜价”等。

这些基础要求是一定要掌握的，也是阿里创作者能否成长晋级的考核依据。

4.2.3 优质内容的组成要素

各个渠道对方案的规则要求都不同，但是大体的组成要素是一样的。

产品文案的组成要素有以下 6 项。

1. 主题

主题就是文案要表达的主要内容，是文案的整体内容方向，确定了主题，在选择素材时才会有方向和标准。

2. 标题

标题是表达文案主要内容的简短语句，标题的好坏决定了整篇文案的点击量和浏览量。

3. 图片

图片是用于修饰主题的辅助素材，使用符合主题并具美感的图片会让整篇文案具有美感和可读性。另外，配图的尺寸要统一。

4．正文

现在，用户都利用碎片化时间阅读文案，所以文案一定不要过长，要控制在1000个字以内，商品推荐的理由一定要简练。

5．产品

在上面笔者介绍了各个渠道对选品的一些共性要求，也介绍了一篇优质的文案对选品的三项动态分“飘红”的要求。除此之外，产品还要满足对销量、转化率、店铺的运营能力、品牌定位、卖点、买家评价、有无违反营销的要求。

6．问题

随着阿里创作平台的不断成熟和发展，粉丝的互动评论越来越重要，一篇好的文案如何才能让粉丝互动和评论？这就需要在文案中植入问题和粉丝进行互动，而问题在文案中的设置也是有技巧和不容被忽视的，这也是笔者在不断研究的课题。

4.2.4 优质文案的特性

笔者认为优质文案一定要有强阅读感。一篇文案能做到让人拍案叫绝，引起共鸣，有再次阅读的冲动或是订阅、点赞、评论转发，即是优质文案。优质文案有哪些特性呢？

（1）能解决用户的实际问题，也就是切中用户的痛点，让用户感觉这正是他们需要的。

（2）在阅读时能让读者有享受感，图文搭配合理，通篇流畅。

（3）能在文案中和读者互动，也就是方案中设置的问题恰到好处。

（4）让读者感觉到作者的存在，而不只是和文字交流。

4.2.5 渠道文案的不同之处

其实各个渠道的区别在于渠道的定位、人群的定位、文案格式的排版比例占比、各个要素的权重占比。比如攻略清单的内容定位是推荐有新鲜感和品质感的商品，为用户做出购买决策提供参考；目标人群定位为中高端消费人群，低于行业均价的商品是不应该推荐的，所以在写文案时要合理设置好定位并且匹配目标人群。

4.2.6 互联网下的变与不变

不管淘宝的政策怎么变化，其核心的东西是不变的，那就是优质的内容和我们自带的特质。

我们自带的特质是与生俱来的，是无法复制的，我们要将自己的特质表达得淋漓尽致。

除了要了解淘宝，确定自己的定位，还要知道阿里创作平台的基础要求是什么，以及哪些内容属于优质内容。下面列举了一些优质文案，仅供读者参考学习，以后不管我们面对哪个渠道，不管渠道规则怎么变化，都会应付自如。

4.2.7 案例解析

下面为打造优质的攻略清单文案所要具备的要素。

1．写好攻略清单文案要点

写攻略清单文案时场景图一定要吸引人，标题中一定要明确场景，第一段话就要吸引人读下去。因为攻略清单要突出的内容就是场景图 + 标题 + 文字第一段话 + 作者，如图 4-66 所示。

图 4-66

2．主题

攻略清单的主题一定要有看点，比如新鲜、奇特、专业、有趣等，不要写主题过于平淡、过于促销化的内容。

3. 商品

要选有质感、有调性、有设计感、小众、体现新科技、有品牌的商品，切勿选爆款、价格低廉的商品。

选择的商品要选符合消费群体定位，如果面向的是小康消费群体，就要选择适合小康群体的商品，不要选择适合高端消费人群的商品。

4. 图片

其中，场景图必须美观清晰，有个性，符合主题，选择场景图为最佳，避免选用纯色的背景。

5. 正文

文案的正文内容要语言简练，有逻辑，全文字数控制在 500~2000 字。

6. 案例

如图 4-67 所示，这是一篇优质的文案并入选了王牌栏目的热点，如图 4-68 所示。数据显示，这篇文案当天的阅读人数为 16 万，阅读次数为 23 万，被点赞 3025 次，被分享 1022 次，如图 4-69 所示。因为清单没有评论功能，所以没有评论数，后期清单中会加上评论功能。从数据来看，优质文案具备点赞、分享、转发、阅读人数多的特质。

必买清单
首页
穿搭
耍帅
化妆
搜索你要找寻的清单
#热点
#有趣
IF设计大奖好物盘点
工业设计届的"奥斯卡"
在家享受手冲咖啡的魅力
咖啡于你意味着什么?
入秋了，来件小西装御寒又时髦
小西装女外套精致独特,极为修身大气,能让女士时尚的...
分享30个宝贝
古典而又大气的中国风，充满睿智
在很多人的印象中，中国风是婉约而又安静的，它让女...

图 4-67

IF设计大奖上的首发家居好物
创立于1953年的德国iF设计奖已成为卓越设计的代名词..
置家
年轮故事 分享6个宝贝

图 4-68

详细数据

日期	阅读人数	阅读次数	评论	点赞	分享	成交额（元）
2017-03-08	8	14	-	1	-	-
2017-03-09	28	41	-	2	-	-
2017-03-10	684	1065	-	14	1	[illegible]
2017-03-11	1481	2313	-	38	6	[illegible]
2017-03-12	160973	235340	-	3025	1022	[illegible]

图 4-69

再看文案的内容。这是一篇追热点的攻略清单文案，内容主题为“IF 设计大奖上那些首次发布的家居好物”，简洁明了，直指“IF 设计大奖”现场热点场景，推荐的商品围绕首次发布的家居用品，并放上淘宝的购买链接直接推荐，比如米家的三款产品：米家首次发布的国内唯一在售的压力 IH 电放煲、米家智能扫地机器人、米家 AirWear 防雾霾口罩，如图 4-70 至图 4-75 所示。整篇文案的图文错落有致，色彩和谐，可读性强，故被官方列为优质文案，并在王牌栏目中推荐，当日获得 16 万的浏览量。

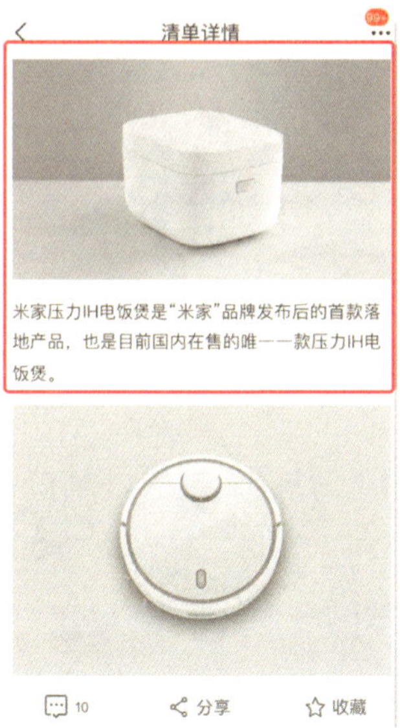

图 4-70

图 4-71

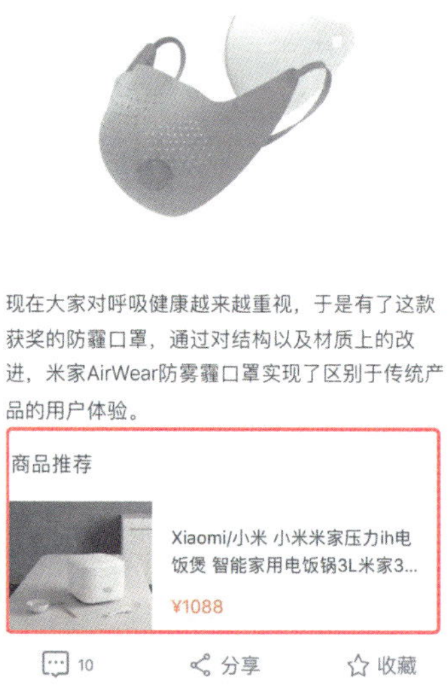

图 4-72

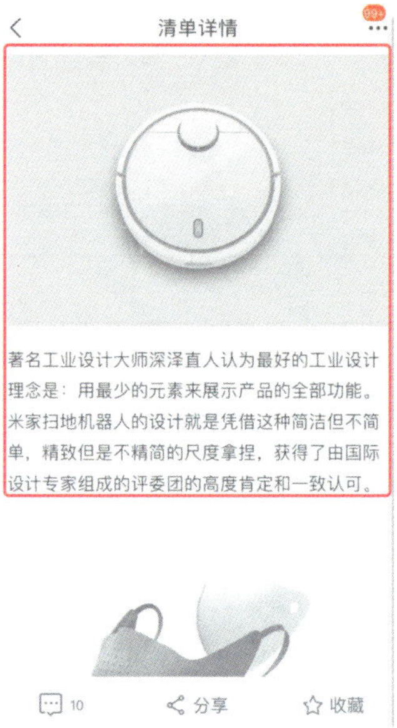

图 4-73

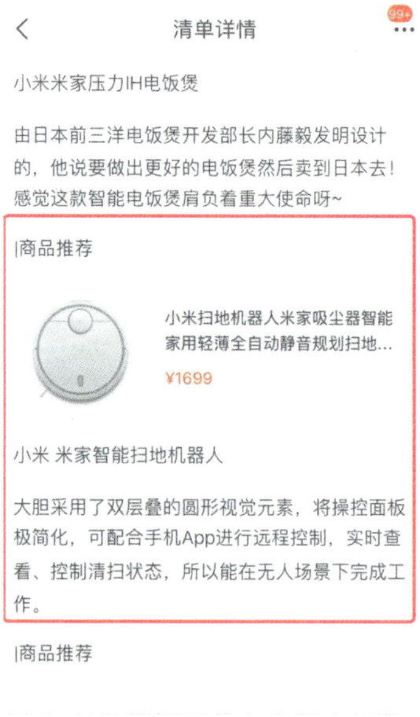

图 4-74

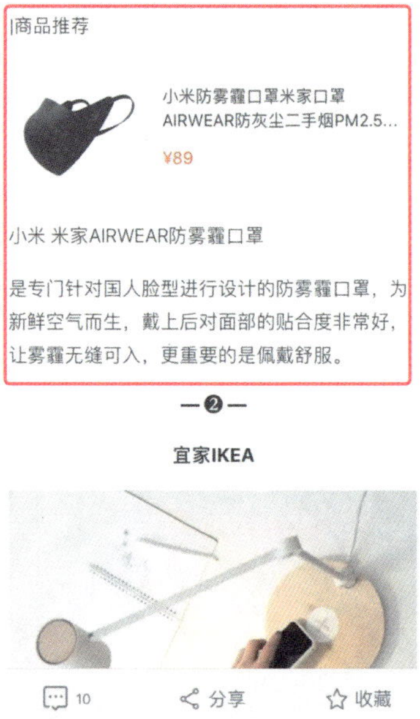

图 4-75

这里仅以上面的案例抛砖引玉，更多的案例、各个渠道的写作技巧可以到创作者学院参加线下学习，也可以登录创作者学院线上平台学习（平台地址：https://daxue.taobao.com）。

4.3 内容运营

4.3.1 什么是内容运营

广义的“内容”，包括文字、摄影、音乐、影视、广播、出版等各个方面，而互联网领域中的“内容”则主要是指文字、图文、短视频等新媒体传播形式。

“内容运营”简单地说就是指通过创造、编辑、组织、引入等手段呈现内容，其前身是“内容编辑”。

而这里所说的“内容运营”，主要指在各类内容资讯或社交平台中，以图文、专题、视频等多元化传播形式产出内容，满足用户的内容消费需求，提升用户对产品或品牌的认知度，进而使用户对产品产生黏性及提高品牌的消费转化率的一种运营手段。

常见的内容平台包括：微信公众平台、微博、头条号、网易号、凤凰号、百家号、企鹅媒体平台、搜狐公众平台、QQ 公众平台、一点资讯 i 媒体平台、UC 云观、知乎、豆瓣、贴吧、博客、QQ 空间、36kr、虎嗅网、创业邦、钛媒体等资讯类内容平台；腾讯视频、优酷土豆、爱奇艺、乐视、搜狐视频、Acfun、BiliBili、美拍、秒拍、喜马拉雅 FM、蜻蜓 FM、荔枝 FM 等视频音频类内容平台；一直播、映客、YY 直播、虎牙、斗鱼 TV、熊猫 TV 等直播类内容平台；还有阿里创作、天猫媒体站、京东号、小红书社区等购物消费类内容平台，如图 4-76 所示。

图 4-76

随着信息科技的发展，用户在互联网上消费内容的需求大大增加了，众多平台介入内容领域并提供了大量的内容服务，内容运营也随着这股热潮成为推广产品的重要手段。

不管是什么平台，其实都是通过内容为用户提供服务，它们的区别只是内容类型不一样，带给受众的感知不一样，参与和互动的方法不一样。只要是互联网产品，一定是需要填充内容的，都需要内容运营，只是对于不同的互联网产品，内容运营的侧重点不同而已。

对于以创作内容为生的自媒体人，专业的内容运营是提升自己的核心竞争力的关键；而对于品牌方，其在新媒体平台上的内容运营，主要是以图文、视频等形式来刺激消费者购买，最终达到成交的目的。

4.3.2 内容运营的策略和形式

在消费升级的时代，内容运营的核心策略是通过内容赋予产品更多的价值——信息、情怀、故事、个性、灵魂等，根据马斯洛的需求层次理论，除了要满足用户基本的生理需求和安全需求，还要满足用户剩下的三大进阶需求——社交需求、尊重需求和自我实现需求。

满足用户的内容消费升级需求，传递产品的定位和调性，是当下内容运营的两大核心诉求。对于提供产品的平台方、提供内容的自媒体、提供产品的品牌方，用户、读者、消费者“三位一体”，都面临相似的痛点：同质化信息泛滥、内容过于低质甚至低俗，以及广告体验不好。过剩的内容和稀缺的注意力之间有着难以调和的矛盾。在这种情况下，通过有效的内容运营策略和形式生产优质的内容便显得尤为重要。

要做好内容运营，就需要明确自身的内容定位、用户需求、产品调性等因素，确定自己的内容生产机制，同时，还要不断监测运营数据变化，在实践中迭代运营策略和手段。

1. 内容运营的两大思维策略

(1) 产品化思维：明确用户的需求及内容定位，建立差异性标准。

无论你的产品是何种形态，都是建立在内容的基础之上。在互联网时代，一切都是产品化思维，以用户为导向是前提，“内容为王”也即“用户为王”。

在前面所列出的平台中，可以将平台分为资讯类内容平台、音频视频类内容平台、直播类内容平台和购物消费类内容平台这四大类。各大内容平台具有不同的产品和内容特性。对于工具型产品，其内容一般为UI界面、功能、社区等；对于电商类产品，其内容一般为海量SKU、轮播图、网站Banner横幅等；对于资讯类产品，其内容一般为文字、图片、视频等。

以微信公众号为代表的资交类内容平台，利用社交通信的属性，侵占了用户的大部分碎片化时间，而熟人网络和圈层效应，又使得其传播的有效性高于其他平台。微信不同于其他类似社交平台之处就在于，其建立的好友圈中均是已经认识的人，建立起来的人际网络是一种熟人网络，它的信任度和到达率是其他平台无法达到的，因此微信能够获取更加真实的用户群。这些用户的构成特性导致微信公众号对内容的要求明显高于其他平台。

而淘宝也正在建立一套内容生态系统，除了在自己的平台上已经推出的淘宝头条、社区、爱逛街、有好货、微淘、问大家等专注于商品推荐分享的UGC（用户原创内容）和PGC（专家创作内容），还将与微博、优酷土豆等第三方内容平台合作，让它们成为自品牌运营社区内容的新场地。据权威机构统计，每天有接近2000万个用户在浏览淘宝头条等社区中的内容。

很明显，用户对于以微信公众号为代表的资讯类内容平台和以手机淘宝为代表的消费类内容平台的使用需求及行为习惯是不一样的。

例如，对于同一款商品，用户在微信公众号上可能更倾向于吸收具有人格背书的情感性信息，在手机淘宝上则更偏重具有个性化特征的功能性信息。

“商务范”是一个典型的用产品化思维做内容运营的自媒体账号。“商务范”创立于2013年，目前拥有上百万个订阅用户，其用户群定位为职场商务人士，准确覆盖新兴中产阶层，明确用户需求，并且持续策划出大量阅读量在百万级的文章，在全网获得的流量过亿次。“商务范”解决了用户的两个需求，一个是社会满足需求，另一个是心理需求，并且他们还入驻了头条号、网易号、搜狐公众平台、企鹅平台、一点资讯、新浪微博、知乎、豆瓣等各大平台，利用不同的平台获取用户。

针对不同的商品，需要针对用户的某一种专属需求进行内容定位，用产品化思维进行内容运营，除满足用户的基础需求外，还要满足用户的期望需求、兴奋需求、方向需求等，并在不同的内容平台上进行有差异性的筛选和投放。

（2）新媒体思维：灵活化选题，科学化采编及分析。

在某些情况下，“内容运营”等同于“新媒体运营”，即用新媒体的思维进行内容运营。

在新媒体时代，信息流动极快，用户的阅读时间非常碎片化，对于内容的需求与传统媒体时代迥异。内容运营也需要在此基础上实现“快”“狠”“准”。

首先，做新媒体运营的人，需要眼观六路，耳听八方。对于资讯热点要保持高度的好奇心和敏感度，关注各大主流或小众的平台及自媒体，实时观察竞争对手的选题内容，不断积累分析及测试调整选题内容。

其次要学会“模仿”，并有自己的原创特色。在刚开始做内容时，可以建立一个系统的内容资源库，在其中列出找内容资源时常用的网站，微信、微博、自媒体等账号，并将之个性化分类。最快捷有效的方法就是借鉴他人好的内容，然后再结合自己产品的调性，形成自己的原创内容。

例如“商务范”的选题原则做到了“四有”：有用、有料、有热度、有格调。热点常有，但并不是每天都有，在没有非常火爆的话题时，可以选择用户感兴趣的“有料”的话题来做。比如“商务范”曾经做出的“爆文”《全世界拥有 LV 最多的女人》，这在当时并不是一个时效性很强的热点，但是其顺应了新媒体传播的特性，在很短的时间便获得了 200 万次的点击量。

“商务范”的运营人员曾经将过去发的几千篇文章的标题进行了汇总，并找出最常出现的关键词，比如“土豪”“奢侈”“男人”“品牌”“金融”“时尚”“大牌”等，当热点再出现的时候，他们便从这些和生活方式有关的关键词出发，做出有“商务范”特点的文章。

2. 当下热门的内容表现形式

(1) 图文形式

图文仍然是最热门的内容表现形式。相比文字，图文的视觉形式更新颖；相比于视频，图文又更加具有深度。目前大多数内容平台都仍然以此为主流。

对于会淹没于无数推送中的图文文案，取一个好的标题则显得尤为重要。标题是影响文章打开率的重要因素，有时只是几个字的差别，便会带来截然不同的阅读量。取标题的法则有无数种，不同领域的内容取标题的法则也有所不同。

例如，对于时尚类内容，其内容大多是围绕着建立“鄙视链”来创作的。知名时尚号“深夜发媸”创始人则坦白，“对比型”的标题屡试不爽，如《人家的才叫 ×××，我们的 ××× 只是 ×××》。而美妆类内容的标题，更多的是突出干货，适合“找极端”，如《口碑最好的 10 款平价面膜》。

（2）短视频形式

2016 年，短视频平台快速崛起，今日头条、秒拍、美拍、快手等短视频应用的日活跃用户和月活跃用户数均在千万级以上，短视频观看及消费习惯越来越被大众所接受，如图 4-77 所示。

图 4-77

调查数据显示，58.3% 的用户在近半年来观看视频的时间增多，41% 的用户看直播的时间增多。企鹅智酷在 2017 年 1 月的消费者调查数据显示，

43.3% 的人更喜欢看 1 ～ 3 分钟的短视频，而一条短视频能带来的信息量十分有限，相比多条资讯的整合串播，65.9% 的内容消费者更希望一条短视频能够“只讲好一件事”。

在短视频风口之上，其承载的短视频内容营销也火起来了，“一条”、“二更”、“日食记”都在做短视频内容营销。短视频成为品牌价值输出的新窗口，同时，优酷等视频平台对于“边看边买”技术的接入，也让电商属性构成了其独有的优势，“从商家来，到商家去”，让从观看到购买的整个体验更加流畅。

（3）直播形式

2016 被誉为“直播元年”，随着直播平台的火热，直播也慢慢被尝试引入电商平台。

一直播、映客与淘宝电商平台的接入，使得直播平台从原有的秀场直播向功能性直播转变，其内容涵盖了母婴、美妆、美食、运动健身等领域，在内容层面更加注重与消费者的需求相结合。对于有上千万家商家支持的消费类直播，从观众成分和消费者心智上来看，都是带有强烈的消费属性。

4.3.3 内容运营的推广和传播

零散无序的内容运营无法形成有效的传播效应，制定具有主题性或有时间线索的传播推广方案是内容运营的制胜法宝。

在过去，一提到推广品牌，可能大家想到的就是砸钱请明星代言，做电视、地铁、楼宇以及各个新媒体平台的广告……这些都是传统的推广方式，对于运营，其实还可以在掌握产品的内容特色之后，通过对内容进行包装，达到促进品牌推广的作用。

1. 内容运营的三种推广方式

（1）内容专题化。

内容专题化是较为普遍的推广形式，即将原本相对零散的UGC或PGC内容进行二次加工或编排，制作成更具含金量的主题内容，具体可以参考不同时效热点下各渠道的频道页、营销活动页、专题页、搜索推荐等载体的呈现。

（2）内容互动传播。

用户的某种互动能够触发内容展示的传播方式，即为内容互动传播。内容互动传播可以被理解为通过一定的奖励机制鼓励用户自发地进行社交内容传播，或者设置相关的互动机制，增强内容与用户之间的关联，由此引发圈层传播效应。

（3）内容整合传播。

简言之，内容整合传播是围绕某一个内容主题，集中在某个时间段，对内容进行多种形式的包装和多个渠道的传播。

2. 内容整合传播营销思路

（1）传播主题及分期。

所有的品牌传播，总结起来还是三个字——“讲故事”。用户喜欢什么样的故事？答案是有相当“落差”的故事。因此品牌传播内容都应当是根据品牌诉求而挖掘的有“矛盾”的故事。

（2）传播形式及渠道。

内容的传播形式多为图文、短视频、H5动画等，在传播渠道上，除了包括KOL（关键意见领袖）内容渠道，还包括内容推荐算法、开机屏、

Banner（横幅）图等渠道。

在新媒体时代，好的创意形式固然重要，但精准的导流渠道其实更为关键。一篇好的内容，如果选错了自媒体投放渠道，还不如一篇选对了投放渠道的普通内容。

4.3.4 阿里创作者平台运营

为了让读者顺利加入阿里创作平台，笔者先介绍一些相关的名词。

1. 名词注解

（1）什么是 UV？

UV，即 Unique Visitor，是指通过互联网访问、浏览这个网页的自然人。

这里所说的 UV 就是访客数，简单地理解就是有多少个人访问了你的平台。

（2）什么是 PV?

PV，即 Page View，页面浏览量，通常是衡量一个网站新闻频道或网站甚至一条网络新闻的主要指标。

这里所说的 PV 就是浏览量，也就是说淘宝用户浏览了几次你的平台内容。

（3）什么是账号活跃度?

账号活跃度代表的是账号内的创作者行为，创作者行为指创作者在阿里创作平台中成功发布内容的次数，次数越多，账号的活跃度评分就越高。

URL，即统一资源定位符，用于表示互联网上标准资源的地址。互联网上的每个文件都有一个唯一的 URL，它包含的信息指出文件的位置以及浏览器应该怎么处理它。

这里的 URL 简单理解就是网址，在创作者的文案中，不可以放置商品网址，以及其他外站的网址等。

（9）“牛皮藓”是什么？

“牛皮藓”是指带有促销信息、品牌 Logo 等内容的图片。

（10）对于图片清晰度有什么要求？

图片的清晰度和图片的像素有关，一般高像素的图片可以缩小，但是不建议将低像素的图片放大，因为放大后图片的清晰度就会降低。更详细的内容建议读者到淘宝大学学习一些美工图片处理的初级课程，这样还可以提高图片的质量分。

还可以登录淘宝论坛学习创作者导购和远凡写的帖子（论坛地址 https://daren.bbs.taobao.com），这里未找到的名词可以在论坛搜索《【年轮妈妈帮你做达人】新手入门必看！那些你需要知道的词》帖子查看，对于不懂的名词可以在帖子中留言，如图 4-79 所示。

图 4-79

2. 什么是内容运营

下面笔者根据自己十多年的电商从业经验来谈一谈对运营的理解。在早些时候运营被喊作"打杂的"，即什么都要做，如市场调研、选品、测品、制订运营计划、流量渠道推广、数据分析、产品优化等，对于阿里创作者内容运营，还没有特别成系统的工作内容。下面是笔者总结的几点内容运营必须要做的。

(1) 内容定位

内容定位在前面已经介绍过，这里就不再赘述了，它是内容运营的重要环节，关系到粉丝黏度、互动评论等数据，以及内容的持续生产。

(2) 内容主题规划

对于内容主题规划可以设置一个月度主题安排表（见附录 4），在其中设定好内容的投放渠道，并配合淘宝一些大促销节点安排完稿和投放时间，以及设置一些专题稿件、商务合作稿件，安排负责撰写稿件的人员，列出文案需要注意的一些指定产品的信息等，若无则可不填。在每月的月末制订下一个月计划。

(3) 渠道申请和投放

渠道意味着创作者拥有的流量入口，也是粉丝变现的要素。当然渠道并不是越多越好，要选择适合自己的。只要我们的创作者指数达到一定的要求，符合的渠道就会在频道申请里出现。打开申请频道，根据要求填写申请信息就可以了，如图 4-80 所示。但是渠道的申请时间比较会比较久，要耐心等待，无法申请的渠道会显示不符合申请的原因，点击问号图标就可以知道原因了，如图 4-81 所示。现在有优质内容奖励计划，可以通过这个渠道发布帖子积累粉丝和获得流量，如图 4-82 所示。

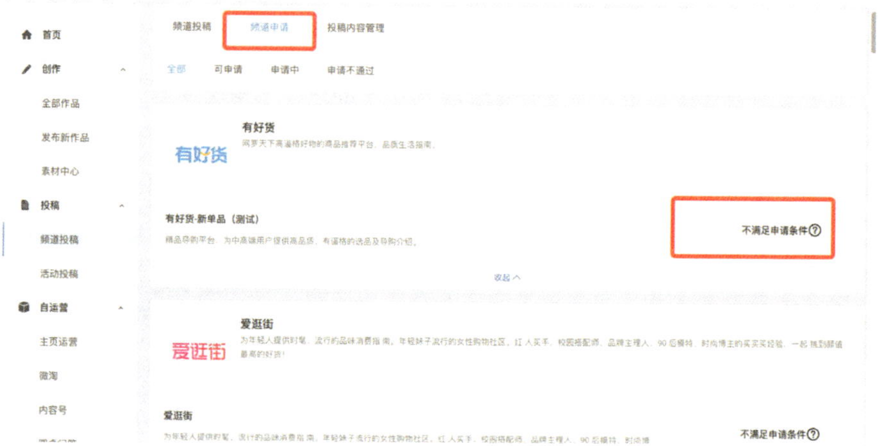
首页
创作
全部作品
发布新作品
素材中心
投稿
频道投稿
活动投稿
自运营
主页运营
微淘
内容号
频道投稿
频道申请
投稿内容管理
全部
可申请
申请中
申请不通过
有好货
有好货-新单品（测试）
不满足申请条件
收起
爱逛街
爱逛街
不满足申请条件

图 4-80

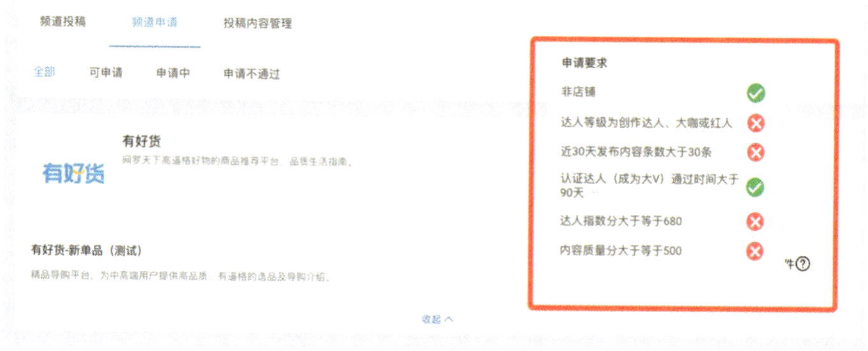
频道投稿
频道申请
投稿内容管理
全部
可申请
申请中
申请不通过
有好货
有好货-新单品（测试）
收起
申请要求
非店铺
达人等级为创作达人、大咖或红人
近30天发布内容条数大于30条
认证达人（成为大V）通过时间大于90天
达人指数分大于等于680
内容质量分大于等于500

图 4-81

图 4-82

内容的投放需要提前规划好，比如有哪些合作的品牌商，需要投放哪些文案，这些都需要根据主题进行安排。稿件完成后，就可以在渠道后台依次投放。如图 4-83 所示，其中显示的是账号所拥有的渠道，可以根据渠道要求依次投稿，如图 4-84 所示。

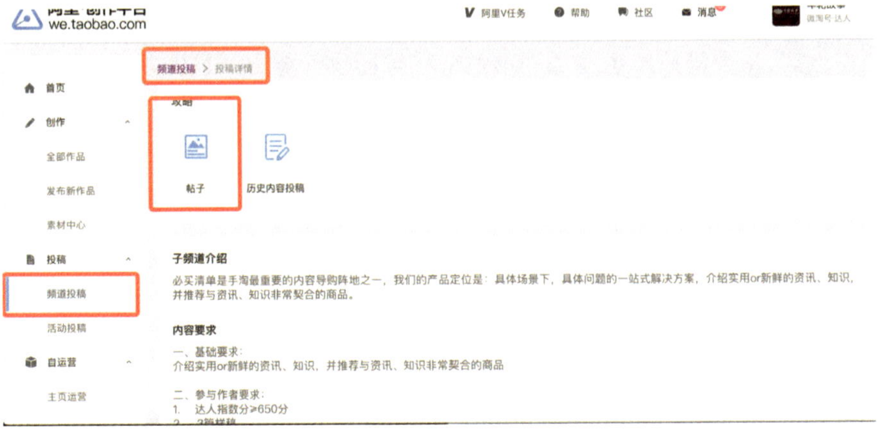

图 4-83

图 4-84

（4）数据分析

对于阿里创作者，进行数据化内容运营是必经之路，数据分析可以通过统计分析方法，对后台以及自己收集的信息进行分析，提取有用信息并形成结论，对数据加以详细研究和概括总结，从而对当前的状态进行判断以及调整运营方向。

下面是创作者后台运营中几个比较重要的数据指标。

达人指数简单地说就是表示整个账号的运营能力，它包含了所有需要考量的数据的综合分，其中有粉丝指数、活跃度指数、电商能力分、内容质量分、专业度指数。其中内容质量分又包含文本质量分、图片质量分、互动质量分、商品质量分、电商能力分，它也关系到能否申请更多的渠道，如图 4-85 所示。

图 4-88

另外，还包括昨日内容浏览次数、昨日粉丝数、昨日活跃粉丝数、累计内容发布数、内容健康度、内容质量分、达人指数等数据指标，如图 4-86 所示。

图 4-86

粉丝数就是打开了你的内容，愿意继续看你的内容的粉丝数量。粉丝数越多，代表你的私域流量越大。好的内容可以为我们带来大量的独立访客和访问量。活跃粉丝数是每天来你的平台看你的内容的粉丝数量，如果你每天都能坚持发内容，那么账号的活跃度就高，而且最好在固定的时间段发布内容，哪怕只发一篇，账号得分都会有加权的。注意，30 天没有发布内容的账号会被降级或清退。

如图 4-87 所示，除了以上数据，淘宝创作平台中还有各渠道的流量分析，以及单条内容分析。

图 4-87

从图 4-88 所示的界面中可以查看单条帖子的流量，以及质量分和成交额等，也可以输入帖子链接查询数据。

图 4-88

除了以上基本的数据，目前最重要的还是阿里妈妈后台的数据，在这里可以查看成交的订单明细等数据，具体内容这里就不做详细介绍了。可以到阿里创作者学院来深入学习。

(5) 复盘优化

复盘的目的是为了不断完善自身，我们可以根据数据进行对比分析，调整自己的方向。

5

粉丝如何运营

本章要点：

* 从 0 到 100 万粉丝，虎扑识货如何玩转内容营销
* 内容营销该怎么玩

5.1 从 0 到 100 万粉丝，虎扑识货如何玩转内容营销

未来品牌的竞争制胜点：粉丝经济、内容营销。

在飞速发展的互联网 + 时代，经历了概念驱动时代和产品驱动时代之后，即将进入一个全新的运营驱动时代。而衡量一个平台运营做得好不好，有很多标准，最重要的标准则应该是粉丝运营得好不好，在吸引粉丝的同时，粉丝留存是不是也做得很好。因为好的运营，不仅要把内容做好，更要把粉丝活动做得有声有色。

手机淘宝的战略值在这样的时代背景下越发凸显出来，手机端取代 PC 端，成为最大的成交量来源，在粉丝量剧增的同时，也一跃成为当今最具有发展潜力的平台。

2016 年可以说是内容爆发年，内容营销火热，几乎所有人都在尝试注册公众号，发表内容。对淘宝来说，2016 年也是淘宝消费全面升级的一年。从货架商品、商品导购，再到长图文、短视频，淘宝用户的消费需求日益个性化，淘宝的商品导购模式也逐步走向内容导购。

在手淘一直迭代的版本中，可以看到除了“淘宝头条、有好货、必买清单、每日好店、淘宝直播”等常规渠道，阿里创作者生产的内容也会出现在诸如“猜你喜欢、个性化人群模块”等更多板块，精准匹配消费用户在购买过程中可能出现的内容需求。

但目前来看，平台上优质内容的产出，还远远无法满足庞大的消费需求。从某种程度上来说，淘宝的内容生态尚在红利期，优质自媒体内容还大有可为。那么怎么进行粉丝积累，增加自身内容用户的留存度，下面就来探讨探讨。

从 0 到 100 万粉丝，且看虎扑识货如何玩转内容营销。

创作者账号 2015 年从无到有，真正实现从 0 到 1 的概念是在 2016 年。这一年创作者的数量迅速增长，以内容为流量点的商业化变现正在快速发展。

在这个背景下，虎扑识货找准时机，联合手淘，做更优质的内容和粉丝运营，这是准确分析市场后做出的决定。

近两年，虎扑识货在炙手可热的手淘平台把粉丝运营做得风生水起，从 0 到 100 万，并不是没有规律可循的。手淘平台做内容的媒体有很多，做直播的创作者也有很多，为什么虎扑识货能够把握住这两个风口，在淘内迅速吸粉 100 万，这背后的内容营销策略值得我们去学习。

在本章的开头，先抛出几个问题，大家可以思考一下。

第一个问题：为什么要玩内容营销？

用户想看！

这里提到的内容营销，是围绕用户的需求展开的。可以说内容营销的前提是基于用户调查或者说是围绕用户需求来开展的。

第二个问题：如何才能接触这部分用户？

纵观 2016 年的内容趋势，无论是 IP 营销，还是引发用户的好奇心与参与感的语音问答类等新交互形式，走的都是粉丝经济的路子。他们寻求的是一批与自己趣味性一致的人。

第三个问题：用户为什么关注你？

我们能为用户提供什么样的价值？传递什么样的内容？是否能引起用户共鸣？

第四个问题：用户为什么持续关注你？

前期的内容营销，营销人及用户都有股新鲜劲，粉丝量在增长，阅读量在增长。但一段时间之后，在取得了一定的粉丝积累之后，内容营销很可能陷入一种尴尬的境地，变得温吞不火，粉丝增长停滞，用户互动日趋平淡。

用户获取成本及留存一直是粉丝经济变现的命脉：

（1）渠道：我们如何接触用户？通过线下还是线上？

（2）用户关系：我们如何获取及留住用户？

（3）用户群：我们的用户是谁？他们有什么特征？他们的需求和目的是什么？

（4）价值主张：我们能为用户带来什么价值？

那么怎样才能走出这恼人温吞的平庸期？

接下来让我们来解读虎扑识货所做出的答案。

5.2 内容营销该怎么玩

5.2.1 哪里有关注，哪里就有流量和商机

内容营销一个最大的特点，就是自媒体的人格化特性更明显，吸引的是一群趣味性一致的人。

还有就是比较容易引发用户共鸣，互动模式更加亲和，可以让粉丝一起参与进来，并能进一步形成分享与传播。

当这种传播积累到一定数量时，就形成了朋友圈的刷屏。

当前吸引粉丝的方法主要有内容转化、粉丝互动、渠道曝光和热点营销。下面我们将通过实际案例来逐步讲解方法。

1. 内容转化吸粉

怎么获取粉丝——人都有好奇心，让更多优质的显性内容去吸引用户，激起用户的好奇心，是目前赚取用户流量的重要方法。所谓“显性内容”，就是用户容易看到，容易接触的内容。

那么什么样的显性内容容易被用户看到、接触？

好的显性内容的特点：视角独特、持续产出、深度互动。

场景举例：

2017 年 2 月 24 日，在虎扑论坛步行街发布的一篇名为《震惊！著名 lol 玩家和 dota 玩家互斥对方不算男人，现场数万人围观》的帖子红遍网络。一时间微博知名 KOL（Key Opinion Leaden，关键意见领袖）纷纷转载这篇帖子，朋友圈也被这个帖子刷屏，甚至还登上了腾讯娱乐。究竟是什么内容竟引得如此大的转发量？如图 5-1 和图 5-2 所示。

图 5-1

图 5-2

当我们都知道内容是吸粉最有效的办法时，那么怎么样才能产出优质内容，这个问题又是所有内容创业者最关注的。

根据识货实际粉丝运营过程中，我们认为需要关注以下几点：

1）创作优质内容

内容创作者提供给粉丝的内容不能是简单的资讯，或者是堆叠而成的内容结构，而是需要具有独特视角、稳定质量和深度互动的优质内容。很多自媒体经常犯一种错误，就是一直在模仿其他媒体的内容方向以及结构，导致自己平台的内容定位很模糊、质量参差不齐。一句话，就是没有满足粉丝的期待。如图 5-3 所示。

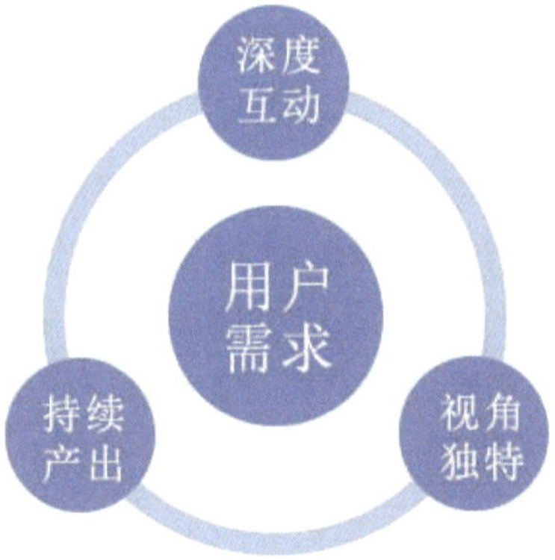

图 5-3

优质内容主要分为细分领域的专业内容、热点内容。不同的优质内容对于粉丝的吸引能力是不同的。

（1）专业内容：在深度垂直领域精耕细作才能笑傲江湖

笔者认为，粉丝忠诚度来源自粉丝对创作者专业领域高质量知识的渴求，因此，如何保证能够生产出可持续性的优质内容、不断破解用户的审美疲劳是急需解决的问题。

在信息爆炸的今天，用户每天面对海量信息，所以只有抓住他们最感兴趣的话题，并且有优质内容的产出，才能在内容上立于不败之地。众所周知，内容生产专业化、深度优质化是趋势，只有在深度垂直领域精耕细作，以机构化的团队合作，才能走得更好更远。

专业内容是一个有着固定产出周期的高质量的内容，持续产出和持续推广是专业性内容吸粉的主要方式。

专注垂直领域的虎扑识货将专业性内容带入手机淘宝，引发了爆炸的效果。

场景举例：

2016 年 10 月，Air Jordan 1 黑红禁穿配色球鞋发售，这双有故事的鞋子成为大家关注的热点。虎扑识货作为专业的球鞋内容创作者，为大家深扒这双球鞋背后的故事，以及有着相同背景的其他球鞋故事。并通过淘宝订阅号推送，共计收获了超过 121 万的阅读量，日均涨粉过万。一直以来，虎扑识货坚持做专业的内容，通过专业内容吸引运动装备爱好者。粉丝对虎扑识货的支持，是其不断产出专业内容的动力，也是内容话题的源头。做粉丝喜欢，做粉丝想看的，是其作为一个垂直型运动内容创作者的坚持。如图 5-4 所示。

内容		推送时间	推送状态	效果数据
	【帖子】禁穿可不仅AJ1，谈谈联盟里禁穿那点事儿	2016-10-12 03:11:52	已推送	阅读：1215431 点赞：70

图 5-4

（2）热点内容

热点内容其实是热点营销的一个产物，配合公众热点引发的一系列分享转发。这是日常内容所无法带来的效果。具体会在热点营销环节做具体的介绍。

以上两个内容方向是内容转化吸粉的最主要形式，也是每个优质媒体需要思考的问题。

2）吸引人的标题

虎扑识货通过数据分析，结合自身运营经验，量身订制了一个属于自己的“标题大典”：

第一，抓住“场景”。

这是最重要的一点。好的标题会给人一种很合适的“场景感”，比如“情人节来临”就选取了“情人节”这个场景，提炼出需求“送鞋给女朋友”。这样会比较吸引有这一部分需求的用户。如图 5-5 所示。

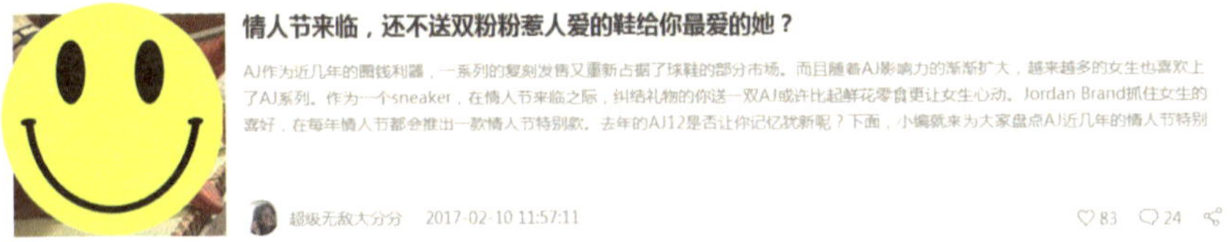

图 5-5

鞋类的文章还可选取的是“小前锋适合穿什么”之类的问题，尽量具象、具体化，切合具体的一类用户的需求。如图 5-6 所示，这篇就是以“实战鞋”为切入点，然后扩展出“小前锋”这一类人。

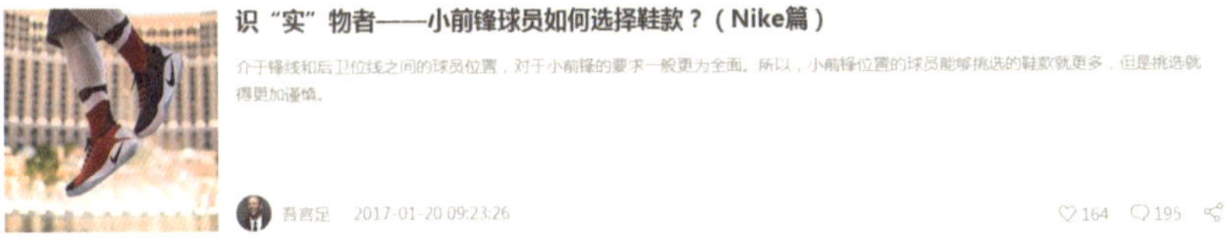

图 5-6

需要注意的是，在淘内运营创作者号，内容场景化是至关重要的一点，可以说是整个标题的灵魂，因为场景化的内容更贴合用户的需要，并且一目了然，因此只有熟练利用“场景”才能进行下一步的内容优化。

例如，“有好货百科”，就是要切合场景的要求，分析利弊，给出最优的解决方案，抓住场景就是其基础。

以下是虎扑识货投稿“有好货百科”的部分文章截图，如图 5-7 所示。

图 5-7

第二，抓住“人群”。

特别是鞋类的文章，抓住某一类人群是很重要的，比如“后卫穿什么鞋”、“投手穿什么鞋”。当内容以人群划分时，一是显得专业，二是能更好地吸引这类读者的注意，有利于提高文章的关注度。

跑步类的亦是如此，比如“大体重跑者的福音”这类标题可以吸引到指定人群的关注。如图 5-8 所示。

图 5-8

第三，突出主题。

在写标题时，一是要明确向读者指出自己写的内容，比如写“专业口罩”，那么为了和“潮流口罩”一众区分开来，一定要突出“专业”二字，显出自己的与众不同。

第四，擅用问句，善于引导。

用问句是一个比较冒险的做法，但是如果用对了，则会起到事半功倍的效果。问句分为单纯的问句和反问句，这里反问句用得比较多。比如“第一次约会你不想穿戴整洁去见女神吗？”，这种反响会不错。单纯的问句如“小户型怎样好好收纳？”也是可以运用到的。

第五，剑走偏锋，吸引注意。

举例，如图 5-9 所示。

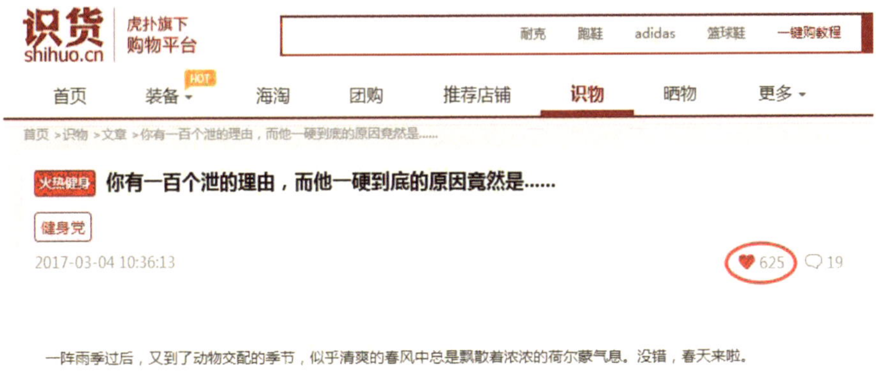

图 5-9

最后，请慎用晦涩难懂的诗句及看起来很高大上但是人们看不懂的成语。

因为这个不免就有“装”的嫌疑，读者会有抵触的情绪。标题最重要的是吸引读者，所以要说明白，而不是过度卖弄学识。尽量不要用诗词之类的文字，通俗易懂但是抓准用户的需求点才是至关重要的。

3）文章的图片

优质文章，在其定义的时候，是以内容为基础，附以清晰的商品图或者内容渲染图，达到整体效果最佳，并且受用户欢迎。

图片的重要性，就像是那根串联珍珠的线，是把优质内容串联在一起，并且提升用户阅读体验的一大重点，接下来从图片风格、图片质量对优质文章图片的构成以及选择做一个简单的解析。

（1）图片质量

要成就一篇优质的文章，图片质量的把关也是很重要的一点。图片主要有两个要求，一个是要贴合主题，一个是要高清美观。这两个都不难做到，重要的是，图片质量需要保持一致，这样才好确定整体的风格，更有利于吸引用户。

（2）图片风格

图片风格，也是决定整个文章风格的重要因素。在上传内容时对内容的配图做出筛选及增补是必要的过程。因为现在用户的阅读习惯和以前有较大的区别，由于互联网的发展，每天各大媒体对用户传达的信息量巨大，所以用户更倾向于阅读图片多的内容，读起来比较不费力气。图片风格的统一，体现整个媒体的风格，提升层次之余，也会给用户留下比较好的印象，有利于用户留存。

4）内容总结：符合受众调性的风格（案例分析）

要做符合受众调性的风格，需要长期的积累过程。首先体现在内容量的积累，然后根据用户的反馈数据，做出相关调整，之后的活动或内容的产出围绕用户的需求做出，这才是核心。

内容案例：有好货百科

如图 5-10 所示，虎扑识货的粉丝以喜爱运动的男性为主。紧身衣的百科是虎扑识货针对用户细分需求的一个内容尝试，收到了不错的反馈。

虎扑识货在有好货百科的投放，是很具有特点的。首先因为虎扑识货的粉丝构成，主要是“喜爱体育的年轻男用户”，所以在健身、户外等领域会有很多深入的内容。如图 5-11 所示。

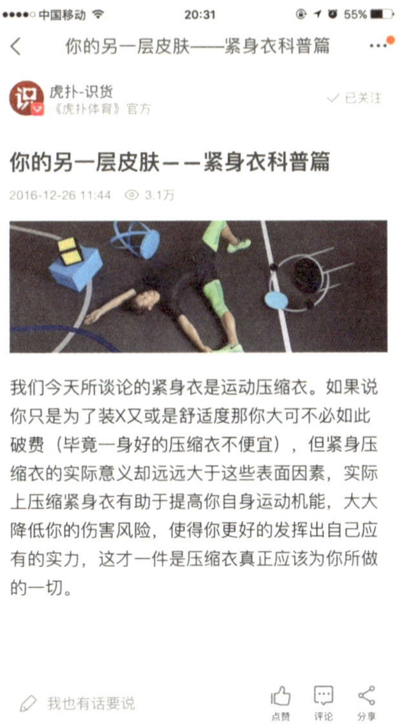

图 5-10

图 5-11

主题活动案例：双 11 主会场

在双 11 主会场，虎扑识货共计为双 11 会场输送超过 160 篇的优质内容。内容形式包括清单、图文帖、单品介绍、短视频等。其中各类主题清单 103 篇、13 个测评类视频、专题类文章 / 测评类文章 25 篇。主要内容涉及体育资讯、运动装备选购、户外徒步装备测评、球鞋解析。囊括了市面上主流运动装备单品，为商家带去流量的同时也为用户提供了可靠的选购建议。这也从侧面表现出虎扑识货在形成符合受众调性风格方面的尝试。

优质内容运营

在注重粉丝经济的当下，粉丝运营的重要性逐渐显现出来，粉丝越多，商家所占有的市场份额也会越大。有足够量的粉丝还不够，还要能把优势转化为成绩。这就要考验运营对于粉丝的掌控能力了。在这样一个大时代的背景下，通过图文等形式对粉丝进行价值观的传递，媒体也可以做成一种文化影响，甚至引导用户的行为。

5）栏目内容运营

本节前面讲到过在“细分领域专业内容”的深耕，而内容栏目化则是基于这个内容调性，对内容进行栏目化包装的一个过程。

比如，虎扑识货的“一日一双”栏目，以每天一双鞋的形式，从球鞋的设计灵感、市场情况、背后的故事等多内容维度来为用户详细地介绍球鞋。在识货站内、手淘站内推广都获得了非常好的评价，在用户中赢得了非常好的口碑。如图 5-12 所示。

图 5-12

内容栏目化的优点如下。

(1) 方便用户形成栏目化记忆，即培养用户的关注习惯。

培养用户习惯也是用户留存的一大重点领域。用户习惯的培养是一个长期的过程，但是一旦形成后，就会形成一个良性循环。

目前虎扑识货主要固定的栏目有 11 个，其中核心栏目如下。

- 装备党：打球实战鞋，你拥有几双？

栏目定位：从不同的球鞋属性 / 打球位置 / 品牌等维度为用户推荐合适的球鞋。

- 强拆办：那些“酷炫”的球鞋，到底厉害在哪儿？

栏目定位：以虎扑识货官方拆鞋为核心，为大家解析当季热门鞋款的科技配置等内容。

除了球鞋相关的栏目，还会进行内容类目的拓展。一方面丰富内容类目，减缓用户对球鞋内容的疲软；另一方面也从用户角度出发，丰富他们的购买场景，解决购买需求。

拓展的相关栏目有跑步有道／健身君／潮流穿搭等，都是男性用户比较关心关注的类目。

虎扑识货会一直关注用户需求，拓展更多的内容类目，满足男性用户在运动领域的所有购买场景。

（2）以栏目化的形式稳定地产出内容，脱离话题结构

在内容栏目化之前，虎扑识货一直以话题、场景形式去产出内容，但容易面临话题匮乏、内容重复等问题，而且用户在“逛”的过程中，容易因内容类目较多较杂而导致混乱。

内容栏目化可以更好地帮助解决这个问题，细分更明确了，用户浏览场景更清晰了，内容产出的话题也更系统化了。

一方面有利于架构一个更加全面的内容链，完善内容的积累；另一方面内容安排会更加贴合用户需求，对用户而言，也更加方便阅读及传播。

6）特色内容运营

用户在你这里取得的是一种认同下的期待，该如何加深这种期待呢？

除了每天在固定时间发固定形式的内容，是否还能有其他更多的期待？

特色内容是区别于其他自媒体的一个优势性内容，是一个自媒体内容的核心竞争力。

举例说明，清单 APP 在场景上的内容非常全面，是其目前的一个优势，但这种场景化／结构化的内容是可以复制的。不过清单 APP 有一群在各个领域非常专业的编辑，能产出该领域不可替代的内容，如专业的产品测评、知识普及性质的内容，这是其核心亮点。

所以，每一个自媒体都应该反思："我能为用户带来什么样的价值？""我传达的内容是否无法代替？"

基于这样的思路，虎扑识货提出了"系列内容"的思路，是比栏目化内容更高层次的一个内容定位。系列内容定位是以某个细分话题／场景为维度，对相关内容进行二次整合、产出及更新的过程。

系列内容的尝试：

系列化的内容更符合特色内容的定位，它可以是一个栏目，也可以是几期内容的合集。

以虎扑识货的球鞋科技科普帖为例，从品牌维度来科普各品牌的知名科技：

科技那么多，我想去试试（有耐克篇、Adidas 篇、New Balance 篇、Reebok 篇、李宁篇等）。

这个系列在虎扑识货站内评价非常高，在微信、虎扑论坛等渠道推广，也受到了很多用户的点赞。甚至带动了用户的互动，用户在内容页下方留言回复希望下一期能看到 ××× 品牌的内容科普。用户对内容有了期待，这是一个系列内容非常成功的点。系列内容对于用户拉新，甚至留存都有非常好的效果。

目前结合虎扑识货站内用户的调性，以及长期内容方面的尝试，发现系列内容更适合科普性质的内容。

新的用户在第一次接触虎扑识货内容时，就会发现虎扑识货想传达的是运动领域的专业性。换句话说，做好内容积累是内容营销的基石，现在系列内容正处于炙手可热的地位，只有抓住先机才能吸引更多粉丝。

2. 粉丝互动

与粉丝的互动问题一直是自媒体应该关注的重点内容，因为互动营销是牵动粉丝和媒体的一根重要的线。在互动活动的开展中，可以让传播者和粉丝直接面对面，反映的也是最实时且真实的数据。

接下来笔者要讲述虎扑识货在粉丝互动方面的案例，旨在研究互动问题对于吸粉及粉丝留存的作用。

讲到粉丝互动，就不得不讲一讲，自媒体人格化的话题。罗永浩经常说自媒体一定要人格化，无论是一个鲜明的观点还是一个视角独特的观点，实际上用户并不会有深切的体会，你只需要给用户提供一个外在的具象化的客观存在。《罗辑思维》的形象是罗振宇，虎扑识货在淘内的形象大概就是民工小刘了。

虎扑识货通过做专业的体育内容吸引了大批的粉丝，如何留住这些粉丝并且吸引新的粉丝呢？只专注于做内容是远远不够的，还要发挥自身的专业性与用户进行互动。

基于这样的需求，民工小刘通过直播与大家见面了，后期更是参与了淘宝头条“问答”板块与粉丝互动，拉近虎扑识货与用户的距离。让用户发现虎扑识货不仅是只会写干货的媒体，还是能与他们沟通互动解决定制化问题的创作者专家。如图 5-13 所示。

图 5-13

粉丝互动的方式主要有以下几种

- 淘宝直播
- 头条问答
- 官方活动
- 分享到其他社会化媒体

这些互动模式识货也都有在淘宝达人体系下参与，均有良好结果，以下就分渠道给读者介绍。

1）直播

从本质上来讲，直播就是一种互动内容的形式，所以它兼具娱乐内容和社交两个属性。

直播是近年来新兴的粉丝运营的形式。最重要的一点便是丰富了用户互动的形式和内容，创建了新的社交和娱乐的场景，使得用户与用户之间的交流更加立体化、丰富化。

虎扑识货搭配直播这个形式，从用户需求出发，打造明星栏目“周二民工拆鞋”，除了结合热点球鞋，吸引用户关注，还体现出了自己的特色——

一对一的专业服务，为用户解答个人定制需求。如图 5-14 所示。

图 5-14

这是虎扑识货不仅可以通过直播吸粉，并且具有强用户黏性最重要的原因。

双 11 的 250 人直播天团

双 11 期间，虎扑识货也参与了双 11 的“250 直播天团”，与品牌商联袂放送 9 场直播。直播内容包括装备选购介绍、潮流穿搭、球鞋拆解、趣味互动。为了双 11 的直播能带给用户更好的视觉体验，不仅引进了专业直播设备，而且采用了淘宝直播和虎扑直播双平台同时推流。在吸引用户收看的同时，也为商家带去了流量。直播最高收看量接近 11 万次。

2）问答

有问必答，专业魅力吸引关注。

问答板块是淘宝头条旗下的问答社区，用户在这里可以向各领域创作者提问，分享知识。

一对一的互动模式，更是塑造了一个人格化的自媒体，用户在这里不仅能得到问题解答，也可以得到情感互动。

虎扑识货一直以来自诩是体育生活专家，作为运动装备领域的老司机，在日常的图文内容中也多以用户提问为主，很多用户都希望虎扑识货能给出专业的定制化建议。借着问答板块的上线，虎扑识货联合头条小二一起策划了一期“虎扑识货教你如何买球鞋”的活动。从用户感兴趣的正品球鞋话题出发，结合用户个人需求，在线解决顾客购买疑惑。如图 5-15 所示。

图 5-15

问答形式的互动，最根本的特色是用户可以限时参与 VIP 服务，创作者一对一解决用户需求。

所以问答的话题发起最好是基于某个细分人群的购物场景，方便激发用户共鸣，类似之前虎扑识货联合天猫策划的开学季圆桌话题讨论，如图 5-16 所示。

用户设定：学生党

场景设定：开学季／运动新装

图 5-16

3）其他互动形式

利用福利激励粉丝互动。

2017 年伊始，虎扑识货发起了一期“# 嗨爆 2016 年的好物盘点 # 你心中的实战之王”的活动。邀请用户参与话题分享自己 2016 年里最喜欢的一双实战篮球鞋，优质留言用户将获得虎扑识货独家精美礼品一份。活动收获了非常多专业的用户分享，如图 5-17 所示。

用户在活动帖下畅所欲言，发布长文，分享自己的实战球鞋心得。如图 5-18 所示。

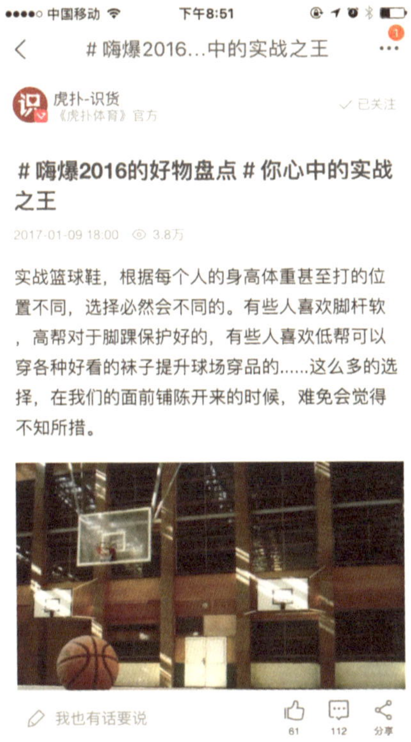

图 5-17

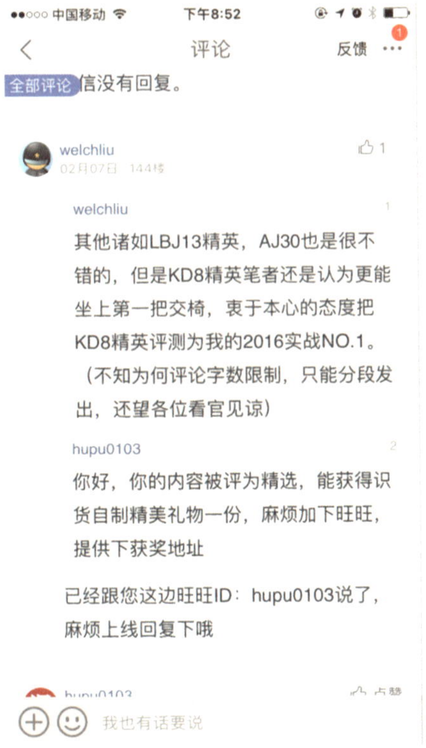

图 5-18

福利形式的互动方式，对于用户而言有着非常大的吸引力，但优质的 UGC（User Generated Content，用户原创内容）产出，是需要创作者进行适当引导的，这与媒体长期以来形成的粉丝集群效应分不开。

我们都知道互动的效果，可以借鉴的方法也绝不止上面论述的几种。希望大家可以多多尝试，毕竟只有具体实操之后才能找到真正有助于粉丝运营的方法。

总结：如何在众多的公众号中脱颖而出，很大程度上与你是否建立与用户的情感联系有巨大的关联。常联络才能出真感情。跟交朋友维系友谊一样，要频繁并持续地与粉丝亲密互动。

4）引导分享

很多活动"吸粉"都离不开引导分享，毕竟话题型活动的拉新是通过用户的分享裂变获得的，一个用户基数本就小的产品何来足够的用户帮你做话题的宣传推广？所以，对于自媒体运营的前期阶段，应该更关注对现有用户的留存及裂变。

引导分享只是一个手段。

基于内容互动为目的策划的话题活动，可以通过分享、讨论、PK 等形式，引导刺激用户参与，以及帮助我们实现拉新。

在全民参与的淘宝双 11 活动中，虎扑识货也做了红包分享的活动，来吸引淘外的粉丝。其中需要的不仅是优秀的导语、吸引人的福利，更要抓准粉丝的内心，让人信服的实打实的优惠也很重要。

举例：双 11"种草"

2017 年双 11，虎扑识货作为优秀阿里创作者获得了双 11 最高权限，参与了"买神来了种草"活动，250 人直播天团，品质实验室，并为双 11 主会场提供了大量的内容。

"买神来了种草"活动由 Under Armour 冠名。用户通过点赞分享，为虎扑识货主页种草，种草排名前 100 的用户获得由 Under Armour 提供的奖品一份。活动期间，通过虎扑体系下的微信公众账号、虎扑体育论坛、识货主站、识货 APP 等淘外资源宣传"买神来了种草"活动。最终在用户的支持下，共计获得"种草"超过 100 万元。

图 5-19

3．渠道曝光

酒香也怕巷子深。

当你有了一堆内容，也可以称它为素材之后，下一步要思考的就是通过什么的形式让你的目标用户看到，每一种形式都会有不同的受众，也会存在不同的利弊。

增加曝光的重要性在于，当有了优质内容之后，就可以把这些内容通过各式各样的渠道推送到用户跟前。这是吸引新粉的必要曝光。

换句话说，只有曝光，才能吸粉并获得收益。内容展现说到底就是配合各渠道不同的内容需求，有不同的内容展示形式。

选择合适的公域流量曝光，会给自己的账号带来大量新粉；然后在自己的私域流量运营，会给自己的账号增加粉丝黏度。如此反复，账号的粉丝就会滚雪球一样增长。

匹配不同渠道的内容投放

吸引粉丝关注是一项日积月累的工作，就像罗马不是一天建成的，虎扑识货在阿里创作平台拥有 80 万的粉丝也是注重日常内容维护的成果。

虎扑识货日常主要维护 7 个频道，包括淘宝头条、微淘、每日好店、有好货百科、必买清单—攻略、有好货、人群内容频道。根据每个频道的要求和特点产出有识货调性的内容。这些内容有些是专业性的内容，有些是用户产出的 UGC 内容。由于类别不同，它们被精挑细选出来，投放于不同的频道，并且持续地吸引粉丝。

- 淘宝头条：内容多以体育资讯、球鞋导购、球鞋故事、发售资讯、上脚美图、开箱测评等体育迷们最爱的干货类内容为主。平均单篇阅读量在 1 万次左右，开箱测评类文章最受欢迎，最高阅读量达 13 万次。如图 5-20 所示。

- 每日好店：精选有调性的潮流店铺，以不随大众、不打爆款、不设佣金作为选店准则。只选择专注做原创设计的小众品牌店铺。为用户介绍店铺不为人知的品牌故事和设计理念，推荐有特色的原创单品。

- 必买清单—攻略：一个清单买对买全，整理商品帮助用户做购买决策。回归商品，用心整理高质感商品帮助用户快速找到需要的东西或“种草”。

- 有好货百科：通过解决一个问题，并推荐在解决这个问题中涉及的商品。为用户解决购物场景下的购买需求。

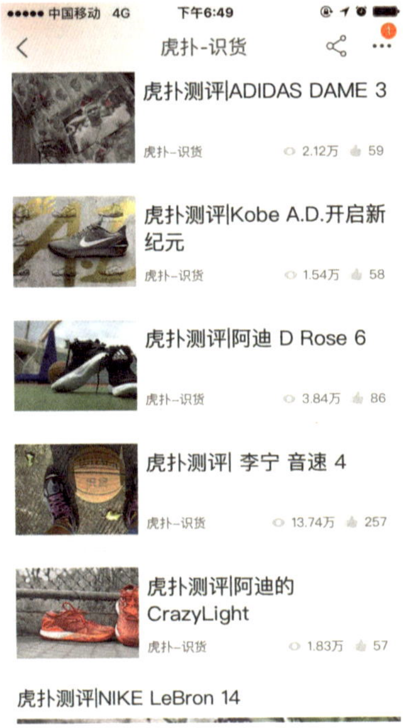

图 5-20

- 有好货：发挥识货运动装备专业，网罗淘宝的正品球鞋单品及原创潮流服饰单品。单品内容看似简单，但是要追求质量、精益求精。球鞋单品图一律采用国外网站精美实拍上脚图，单品介绍从科技到工艺到品牌介绍，旨在拉近用户与商品的距离，“种草”心仪的商品。

4. 热点营销

每次在朋友圈刷爆的内容，都让我们感受到了内容和热点结合的力量。

当下信息传播速度越来越快，我们总是能在第一时间就获取各种热点事件资讯。结合热点事件做营销不仅能带动用户自发传播内容，也能使营销效率大幅提升。因为热点事件在它发生的那一刻开始，就具有无限的发展可能性，用户需求不同，对于热点的营销方法也不尽相同。但是不可否认的是抓住热点对于吸引粉丝的重要作用。

那么热点对于吸粉具体有什么好处呢？热点更能考验一个内容运营者的专业素质，以及出内容的实效性。粉丝在关注热点时，需要媒体能快速且准确地传达专业知识。符合这个标准的媒体，吸粉的能力当然就强了。这就是专业性。

而虎扑识货作为专注于体育资讯的专家，尤其擅长结合体育热点事件进行内容营销。2016 年策划过的热点营销事件包括科比退役、里约奥运会、NBA 总决赛等。针对热点事件迅速出击，产出适合阿里创作者的定制化内容，吸引用户点击。

科比事件

- 生产了优质的内容；
- 赶上了一个热点；
- 48 小时内出稿，保证了时效性。

2016 年 4 月 14 日，湖人对阵爵士的比赛是科比职业生涯的最后一场比赛，因此这场比赛轰动了全世界。这一天对于所有的科比球迷来说意义非凡。虎扑识货为淘宝、天猫输送了多篇优质内容，涵盖科比的传奇职业生涯、科比战靴盘点等，通过多种角度为用户展现这位 NBA 老将传奇的职业生涯。在淘内的投放渠道包括淘宝头条、篮球公园、天猫品牌街、什么牌子好。如图 5-21 所示。

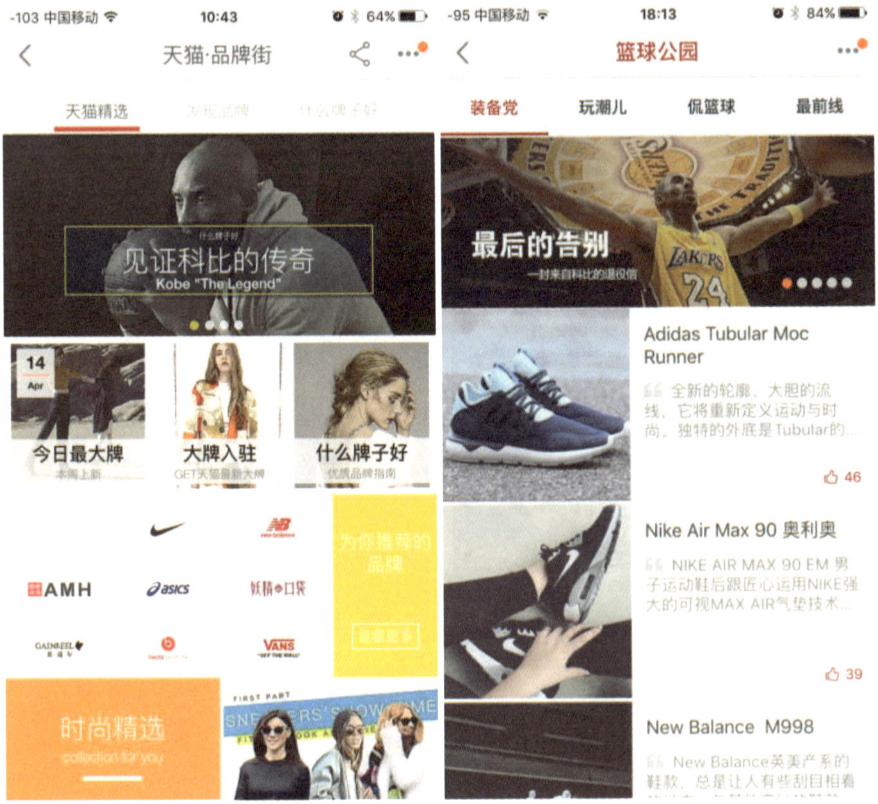

图 5-21

除了淘内，在淘外，虎扑识货也大力推广科比退役的内容，并在虎扑识货站内、虎扑识货 APP 开机画面、虎扑识货微信的主要位置推广内容。共计收获破百万的点击量。如图 5-22 和图 5-23 所示。

图 5-22

图 5-23

运营可以结合可预测的热点话题进行话题策划。有必要准备一套可预测并且长期使用的热点活动。

一般来说这类可预测的热点话题分为以下 4 种：

（1）时效性节日：这种一般多是法定假日，像情人节、春节、中秋节等；

（2）定期的活动和赛事：比如欧洲杯、奥运会、NBA 等；

（3）电商活动：类似大型活动双 11、双 12、天猫女王节等。

可以配合这些热点事件策划一些活动，刺激用户来参加、分享、互动。

5.2.2 用户留存和数据营销

已经关注的用户会一直看内容吗？内容再怎么优质也会有看腻的时候！这就是用户留存的问题。

首先明确下用户留存的概念。在互联网行业中，用户在某段时间内开始使用APP，经过一段时间后，仍然继续使用该应用的用户，被认作是留存用户，而这部分用户占当时新增用户的比例即是留存率。用户留存率是衡量内容运营和粉丝运营成果的重点。

用户留存之所以重要，是因为用户是运营的重点，用户的需求是整个平台运作的最重要的方向标。

在解说用户留存之前，笔者先引出“大数据营销”的概念。

在日益碎片化的信息化社会环境下，随着移动端消费方式的增多、用户群体的分散，消费者的使用行为和消费行为也越来越多元化。

未来要做好营销必然要与智能数据相结合，必须要趋向精准化、智能化，才能最大化实现效益。

数据营销这些行为在手淘中随处可见，类似“猜你喜欢”、“千人千面”等。

用户行为标签化

在信息化时代，用户行为完全可以通过后台大数据来精细化。

也许你会问，这些看似冗杂无聊的数据，究竟有什么作用呢？我们现在所处的时代，你的每一次阅读，每一次点击链接，都会产生流量数据，现在人人都离不开手机，衣食住行都需要依赖它，那么是不是可以说我们的生活被完完全全地被记录下来了呢？就拿“粉丝画像”来举例，通过数据建模、数据分析，可以把一个人的所有都具象化出来。甚至可以有一个具体的形象。

这样的例子不胜枚举，在数据化的互联网时代，谁能够抓住先机，掌握数据背后的内在逻辑，谁就能在竞争激烈的互联网市场站稳脚跟。

内容营销也应该如此，所有的决策都应该是用户运营和数据运营之间的交流所产生的决策。

接下来具体讲述虎扑识货的“粉丝画像”案例，告诉你数据究竟能有什么样的能力。

1．明确用户定位

粉丝画像，也叫“用户画像”。首先，无论是电商运营还是新媒体的内容运营，都必须要确认：你的内容是做给谁看的，即用户定位。而电商平台的用户定位可能相对更复杂一些，它不再是单纯的身份，而是综合了“你是谁”“你需要什么”“你有什么特点”三种因素后的交集。

在移动互联网整体环境稳健发展的大数据时代，有了庞大用户数据为依托，粉丝画像已经具有可视化、标签化的属性。粉丝画像的确立，是运营实现个性化推荐、精准营销强有力的前提基础。

接下来会有具体的分析与举例说明，针对虎扑识货的粉丝画像，进行分析与解读。

（1）性别比例

了解性别比例，是粉丝画像的基础。

举个简单的例子，就像小红书的主要用户群体是女性，而虎扑识货一直是以“爱好运动的年轻男性”作为目标用户。

因此虎扑识货要输出的内容核心就需要围绕男性用户。

（2）年龄比例

粉丝的年龄层次也是一个比较重要的点，不同年龄有不一样的习惯。如 90 后，00 后等。都有各种标签。

以虎扑识货为例，如图 5-24 所示是后台粉丝年龄层分布数据，与大家分享。

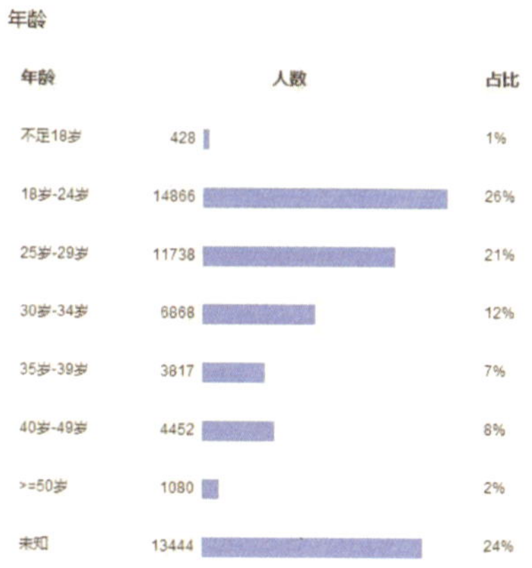

图 5-24

如图 5-24 所示，我们可以得出以下结论：

站内的粉丝中流砥柱是 18 岁～24 岁，也就是说主要是大学生群体，或者刚刚进入工作岗位的青年。这一群体的主要特点就是，对于外界的新鲜事物、名牌及奢侈品有一定了解，比较讲求格调但是还没有能力去经常性消费。所以在知道了主要的消费人群之后，识货主要推送的就是针对青年男性的运动消费品，鞋子或者是背包等，选取的是小众有格调但是价格不贵，很有性价比的商品来推荐。

站内的 25 岁～ 34 岁的群体，也是占一大部分比重的，因此奢侈品及大牌、潮牌的推荐也还是要有的。一方面提升内容的质量，显得有格调；另一方面，这类人群的消费能力相对较高，所以收益也会比较大。

总结粉丝年龄层次的分布，可以得出的结论是，爱看虎扑识货、关注虎扑识货的粉丝中，有一大部分是消费能力没那么高的群体，所以运营方向就是针对这一群体的具体需求，定制独家属于他们的内容，毕竟粉丝经济已经是电商提高用户黏性的重要着力点。

（3）消费能力

年龄分布在一定程度上可以分析出用户的消费能力，可以更直观地关注用户的消费能力。

举例说明，若 80% 用户的购买能力在 200 ～ 300 元之间，却一直推荐 500 元价位的商品，那么即便说得天花乱坠，也难有转化。

（4）风格偏好

根据以上的数据，可以得出的结论是虎扑识货的粉丝画像，可以具象化地显示为：“一个热爱运动的刚工作一两年的男生”。

知道用户类型之后，要做的事情也就相对简单了，掌握他的兴趣点，按照目标用户的兴趣点不同，可以调整内容方向，甚至活动的策划都会受到影响。

举个具体的例子，虎扑识货举办过“爱打篮球的实战党选出你心中的‘实战之王’”活动，这一活动的目标用户是针对年轻的、热爱篮球的男性用户，切中了“实战篮球鞋”这一痛点。因为年轻男性对于实战篮球鞋的需求比较大，抓住这一特点，开展这个互动型活动，让用户在底下回复自己最喜欢的篮球鞋，并且晒图。

这样一来吸引了目标群体，二来丰富了内容的形式，增加了和粉丝的互动，在更好地增加现有粉丝黏性的同时，也增加了关注度，吸引了新的粉丝。这个案例的主要特点就是对于目标用户的风格偏好有比较准确地把握。

2. 运营维护

前面讲到粉丝的积累，有了一定数量的粉丝之后，必要的运营维护也是保证粉丝的留存及吸引新粉丝的方法。运营维护包括活动运营和日常维护两大块，其中活动运营作为主体，占据一大部分，接下来就用详尽的例子为你解读。

（1）活动运营

活动运营是指虎扑识货针对不同活动、不同性质的活动进行运营，包含活动策划、活动实施，以及效果统计。效果统计是必要的，可以帮助运营掌握用户的喜好，并且通过数据来分析出用户的真切需求及吸粉的真正原因，方便及时调整运营的内容和方式。

（2）话题运营

一般来说，话题策划的目的主要是两个：用户增长和加强用户间的内容互动。

什么样的话题才能够引起粉丝的共鸣？这是自媒体一直应该思考的问题。以虎扑识货为案例，在之前的粉丝画像分析中，可以得出结论，虎扑识货的粉丝基本上是一群刚参加工作的热爱运动的年轻男性，因此我们只有选择对了适合这个群体的内容话题，才能抓住这一部分用户的喜好。

另外要不断将话题推向新的层面，这才是活动运营内在的逻辑。

举例：以虎扑识货站内的“一家之言”板块的粉丝互动内容为例，整个栏目相当于是将淘内问答的栏目更日常化。“一家之言”的定位一开始就抓准了用户对于篮球实战鞋的需求，了解到有很多用户并不清楚自己应该穿什么样的篮球鞋。基于这样的需求，虎扑识货推出了“一家之言”，就是为了让 KOL 和粉丝一对一进行球鞋定制，因为每个人对于篮球鞋的要求都不同，后卫有后卫的低帮鞋，还有因为身高体重等不同要选择缓震性能强弱不同的篮球鞋等。

需要明确的是：话题策划的核心并非包装和分发，而是让用户参与分享内容。

而一个成功的话题策划，务必需要具备的几个特点是：

①策划的话题需要具有平台的特色；

②策划的话题一定要能激起用户参与的兴趣，甚至会带动用户分享有价值的内容。

（3）UGC 用户参与内容创造

内容运营在互联网行业内有且只有两种内容生产方式，一种是专业内容生产（PGC），一种是用户生产内容模式（UGC）。前面很多内容都是在讲述 PGC 内容，在这个环节跟读者聊聊 UGC 内容。

UGC 内容即用户自主生产内容。运营可以通过一系列的用户激励手段，通过话题引起用户情感共鸣，引导用户积极地参与话题的讨论。激励的政策一般分为三类：一种是金钱物质的激励；一种是荣誉的鼓励；一种是物质 + 荣誉的鼓励。

用户的原创内容也是虎扑识货一直重视的一个大模块，在站内就有众测和晒物两个主要内容阵地。在这里，通过点赞、评论等产品功能，用户能够得到认可，能够找到同一群志同道合之人进行沟通交流，满足了用户秀／晒、渴望得到认可的心态。

晒物的内容还被用于淘宝的各个活动中，虎扑识货逐渐变成影响力最不可忽视的一分子。

（4）粉丝福利

粉丝福利基本上是吸粉和留存粉丝最主要的方式。因为粉丝福利打破了运营和粉丝之间的一道壁垒，让粉丝直接有参与并且有一定量的奖励，增加了粉丝的参与感和参与热情。

虎扑识货就曾经在淘宝直播上运用给予粉丝福利的方式吸引粉丝。当然还有很多方式可以尝试为粉丝谋一份福利。

（5）粉丝社群

粉丝社群化管理，一方面有利于创作者更好地掌握粉丝的构成及喜好；另一方面也便于创作者和粉丝进行最直接的交流。粉丝社群福利作为粉丝运营的一大块内容，是粉丝留存很重要的因素。

3. 日常运营

（1）垂直领域深耕

未来创作者要做的是在垂直领域找到自己的核心竞争力。不论创作者是否做短视频或是图文，未来的趋势都是做垂直化的内容。2017 年垂直化的内容会越来越凸显出来，并且在垂直领域里面的变现方式会越来越多。

（2）内容冗杂时代，如何自处

互联网内容的发展，大概经历了 3 个阶段。

第一阶段：内容的稀缺性。内容提供者少，用户可获得的信息量有限。第一阶段主要存在于纸媒时代。

第二阶段：内容供应者逐渐增加，用户有多种渠道可以获得各式各样的信息。目前主要处在第二阶段。微信、知乎、微博、好奇心日报等提供内容的媒体越来越多。

第三阶段：再往后，供应它的人可能会越来越多，导致它从充盈变得泛滥。这时候，人们可能对内容产生了疲软。大家打开微信，谁不是关注了一堆公众号，但是扪心自问，有几个公众号的内容是你坚持每天阅读的？

（3）在这样的市场情况下，我们又该如何脱颖而出

聚焦于垂直领域的内容运营。

比起内容本身，用户更需要“细分领域”的领头羊。

当前市场，如此众多的免费平台提供免费的内容，有资讯类、干货类等，内容获取已不存在什么成本，当前最大的成本在于“内容筛选”。

此外，互联网下半场的一个理论是“抢占用户时间”，用户需要在有限的时间之内，转化到更有价值的内容中去。

也就是意味着用户对内容的要求已经从“内容获取”过渡到了“优质内容的获取”，用户对平台的要求也从“有足够多的内容”，变成“需要更优质的内容”。

（4）知识的形态与场景 ：“轻”知识

人是没有耐心的，未来的内容形态会是以“轻”为主，以几分钟内的阅读体验为主，内容形式以短视频、优质图文、音频为多，用户需要在碎片化的时间接收有价值的知识。

（5）周期性的内容更新

对于内容的周期性更新，作为一个内容运营者，要明确自身的内容定位、用户需求、产品调性等因素，来确定自己的内容生产和更新机制，同时，不断监测运营数据的变化，在实践中迭代运营策略和手段。这是维护正常运作的最普通的工作。

5.3 总结

优秀的垂直自媒体总比用户先行一步。

回归最初提出的问题 ：

（1）渠道 ：我们如何接触到用户？通过线下还是线上？

（2）用户关系 ：我们如何获取及留住用户？

（3）用户群 ：我们的用户是谁？他们有什么特征？他们的需求和目的是什么？

（4）价值主张 ：我们能为用户带来什么价值？

相信对于这四点，大家都有自己的答案。

用户为什么要关注你？因为你的内容能满足他当前的阅读需求，在此之上，甚至能不时地提供一些惊喜内容，比方说极具趣味性的，或者是该领域的干货内容。也就是说，能给到用户一些超出预期范围的内容。作为垂直媒体，应该成为一个比用户先行一步的人，不走在用户前沿，还怎么跟用户沟通。

用户为什么持续关注你？因为你持续稳定地提供一定优质且超出他们想象的内容。

虎扑识货为什么能不断吸粉？构建好的内容和场景是持续性吸引粉丝追捧和互动的关键。

当然这与虎扑识货的专业度和长期以来形成的粉丝集群效应分不开。

6

商业变现的实现方法

本章要点：

* 内容时代的到来
* 内容变现的模式
* 通过平台变现模式
* 通过商家变现
* 通过用户变现
* IP 变现
* 阿里创作者的商业模式

6.1 内容时代的到来

这是最好的时代，这是最坏的时代。

——查尔斯 · 狄更斯《双城记》

对于目前如火如荼的内容创业，前半句似乎更为合适。

2016 年对内容创业无疑是里程碑的一年，一批新网红、自媒体大号崛起，同时带来巨额的商业利润。

姜逸磊（papi 酱），“一个集美貌与智慧于一身的女子，2015 年起利用变声器发布原创短视频，2016 年迅速爆红，2016 年 3 月获得罗辑思维、真格基金 1200 万元人民币投资。4 月 21 日，在“新媒体史上的第一拍”papi 酱视频广告贴片权的投标会上，最终丽人丽妆以 2200 万元成功拿下第一届新媒体标王。papi 酱广告资源招标 / 拍卖会现场如图 6-1 所示。

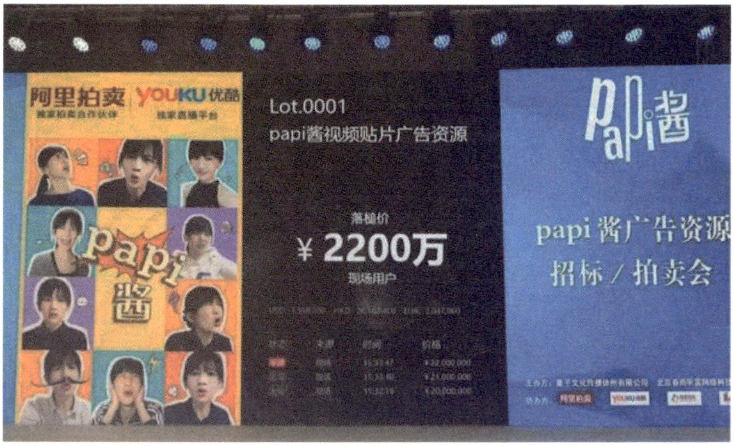

图 6-1

蔡跃栋，2013 年毕业于清华美院，因 2014 年 7 月起在微博发布有关星座吐槽漫画而走红。2015 年 4 月开通微信公众号“同道大叔”，凭借该谐幽默的十二星座吐槽及 uncle’s friend 卡通形象，在微信、微博等各平台合计粉丝超过3000万人。2016年12月8日，美盛控股以21750万元收购“同道大叔”72.5%的股权，套现2亿元，实现两个“小目标”。同道大叔 IP 形象如图 6-2 所示。

图 6-2

马凌，文学硕士、专栏作者、南方都市报深圳杂志部首席编辑。2015年9月开通公众号“咪蒙”，其文章凭借和传统观点相违背的鲜明个性，几乎篇篇斩获10万以上阅读量，一年吸粉600万，据说咪蒙头条广告报价约50万元。咪蒙公众号如图 6-3 所示。

图 6-3

同时 2016 年又是中国知识付费的元年。

2016 年 5 月，果壳网推出“分答”平台，上线 42 天，回答语音 50 万个，总订单 1800 万单，日付款 19 万次，复购率 43%，融资 2500 万元，估值超过 1 亿元。分答 APP 界面如图 6-4 所示。

图 6-4

罗辑思维的“得到”APP 于 2015 年 12 月上线，上线不到 3 个月，用户超过 42 万人。“得到”APP 如图 6-5 所示。

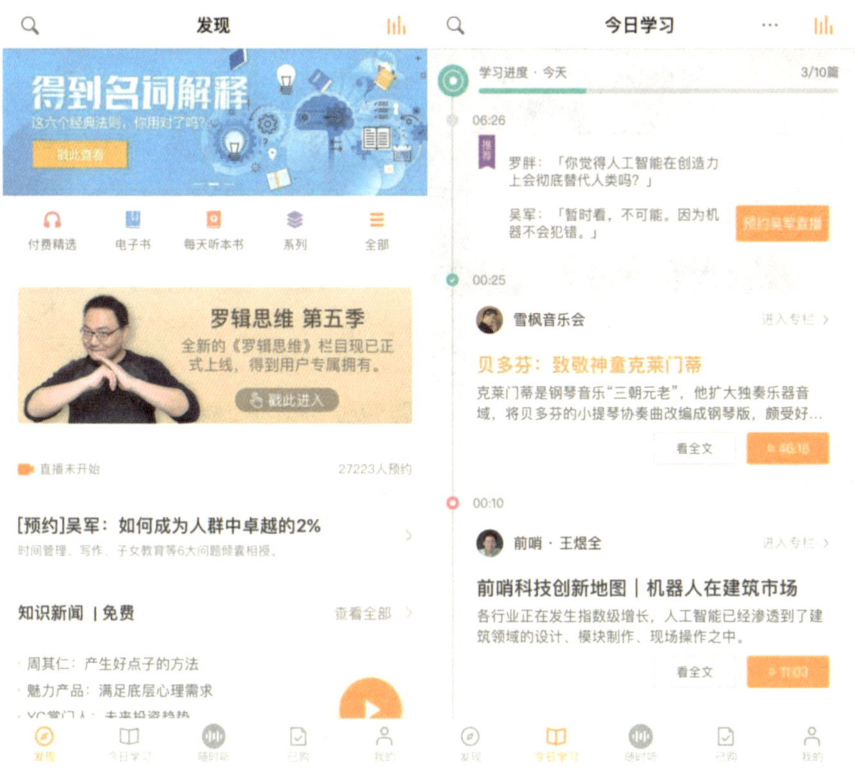

图 6-5

著名财经作家吴晓波，2016 年 7 月 8 日在喜马拉雅、微信“吴晓波频道”开通《每天听见吴晓波》收费音频产品，5 个月收获超过 10 万个付费用户。“吴晓波频道”界面如图 6-6 所示。

图 6-6

2016 年，内容创业的一大转折点就是对内容价值的肯定，尤其是内容付费这种消费习惯在 2016 年迅速完成了用户培养，并得到认可。一方面是伴随着移动互联网的快速发展及移动互联网用户的迅速发展，同时伴随着微信、微博的崛起，人们获取新闻、内容的行为习惯发生了改变。资源获取更加容易，甚至出现过载的情况。罗辑思维罗振宇在他的“2016 年跨年演讲”上，提出“国民总时间”的概念，未来，时间才是真正的战场。“消费升级中很重要的一个领域，是从消费有形产品到消费无形产品”。中国比特币首富李笑来在他的“得到”APP 专栏《通往财富自由之路》提出，注意力是最宝贵的财富，比金钱宝贵的是时间，比时间宝贵的是注意力，如果能用金钱换时间，甚至是注意力，都是最划算的。优质的内容资源，无疑在未来将成为一种稀缺的资源。一方面是信息的无限爆炸，另一方面是有限的时间。解决的办法之一，就是关注最优质的资源。在此逻辑上，就不难解释为何知识付费会迅速完成用户的培育，成为2016年最火的商业模式之一。

消费者希望获得的，不再是冷冰冰的广告及促销，而是有深度的内容、有温度的文章、KOL提供的专业意见，节省自己学习的时间，节省自己的注意力，提高获取资源的效率。因此优质的内容，成为各大平台抢夺的入口。微博投入1.5亿元扶持自媒体，今日头条推出“千人万元计划”，淘宝也提出了“手机淘宝内容开放计划”，计划与优质内容的创作者三年内共享20亿元市场佣金。内容成为各大商家抢夺的下一个入口。

随着移动互联网的发展，自媒体的生产门槛大大降低。首先是制作成本的降低，你不需要有过硬的电脑技术或非常出色的文笔，只要能把自己认为有价值的东西展现给别人即可。其次是获客成本降低，通过长尾效应，只要有人认可你，当流量汇聚以后，你就可以通过广告等多种形式变现。如果你的粉丝数量足够多，且你对他们有一定的影响力，那么你也可以推荐商品给你的读者，逐步转为电商。如果你的内容影响力足够大，具有人格化的特质，那么也可以成为超级IP。

6.2 内容变现的模式

根据iiMediaResearch（艾媒咨询）研究，如图6-7和图6-8所示数据，2016年中国87.8%的自媒体从业人员自媒体月营收少于10000元。在收入来源上，主要靠流量分成、软文广告，两者合计的比例超过66%。由此可见，除盈利状况不佳，自媒体还面临盈利模式单调的问题，换言之，除广告、软文外，自媒体缺乏有效的盈利手段。

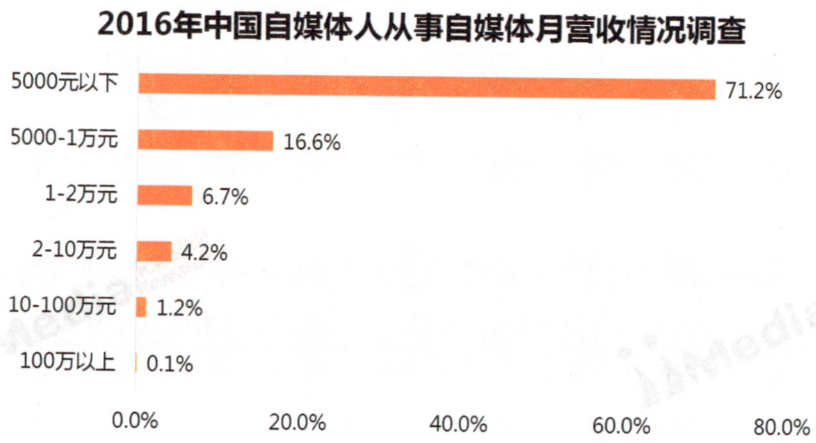

图 6-7

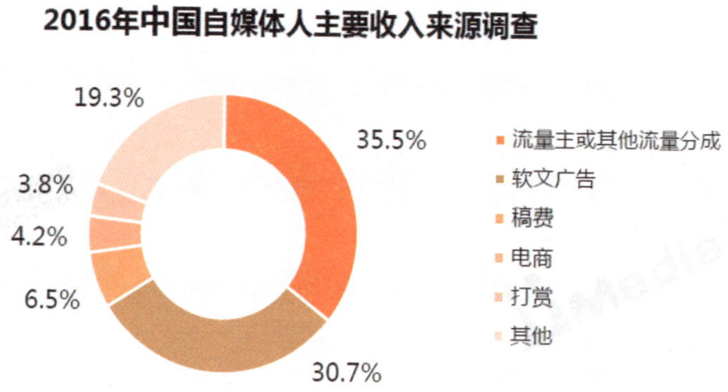

图 6-8

总结目前内容创业案例，笔者认为有以下几个过程，如图 6-9 所示。

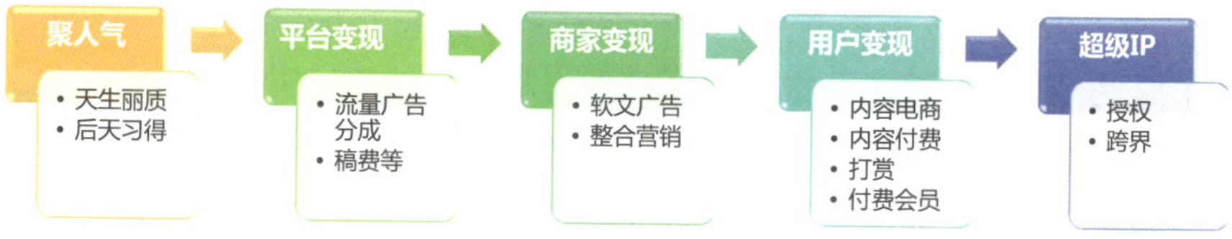

图 6-9

6.2.1 聚集人气

内容创业的第一步就是聚集人气，大体可以分为两种：第一种是先天的，比如影视明星，如微博第一大号姚晨；第二类就是后天的，通过创作优质的内容，而聚集起来的粉丝。本章中我们重点讲述第二种类型的内容创业的变现模式。

6.2.2 通过平台变现（2P）

有了一定量的粉丝后，就可以开始逐步考虑变现了。变现的第一阶段，一般都会采用通过平台变现的模式。这种模式最为简单，内容创作者，只需要同平台进行合作，在自己的文章后附上平台分发的广告，或者按平台的标准领取稿费即可。内容创作者仅需要专心做好内容，至于在页面上出现哪些广告、用户流量导入哪里，这是平台的事情，内容创作者仅需要按平台的结算方式收取回报即可。通过平台变现示意图如图 6-10 所示。

此阶段主要的变现模式有流量广告分成、稿费等。

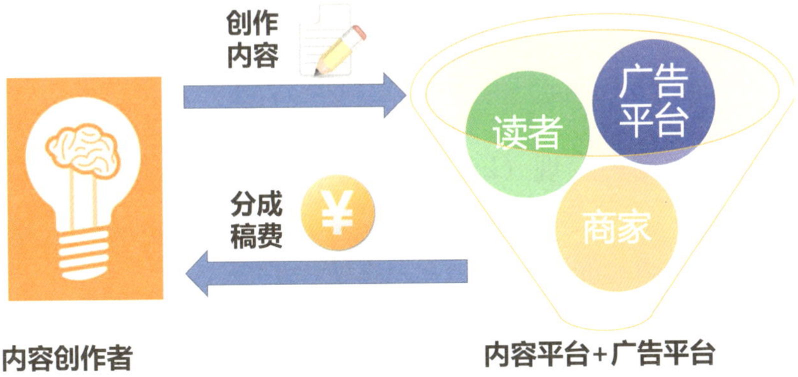

图 6-10

6.2.3 通过商家变现（2B）

第二阶段是通过商家变现，即为商家导流。同第一阶段不同，此阶段内容创造者直接与商家对接，在产品、商家的选择上内容创造者有自己的话语权。除了输出内容，一般还会根据商家的需求，输出特定需求的广告。创业者还需要具备简单的商务谈判能力。我们最常见的形式便是微信公众头部大号的软文。通过商家变现示意图如图 6-11 所示。

第二阶段的主要变现模式有软文广告、整合营销等。

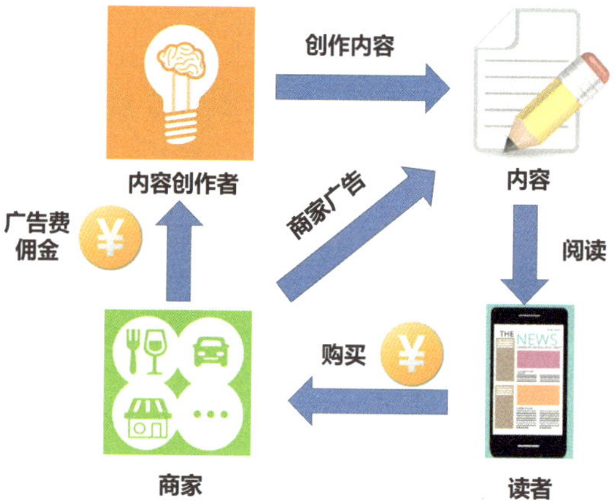

图 6-11

6.2.4 通过用户变现（2C）

为了让粉丝的价值最大化，这时可以考虑进入第三阶段——直接通过用户变现。将产品、服务直接卖给粉丝。此阶段就不是单个内容创业可以完成的工作了，除了优质的内容，还需要具备供应链、运营等各项能力，需要进行团队化、公司化运作。通过用户变现示意图如图 6-12 所示。

此阶段的主要变现模式包括内容电商、内容付费、打赏、付费会员等。

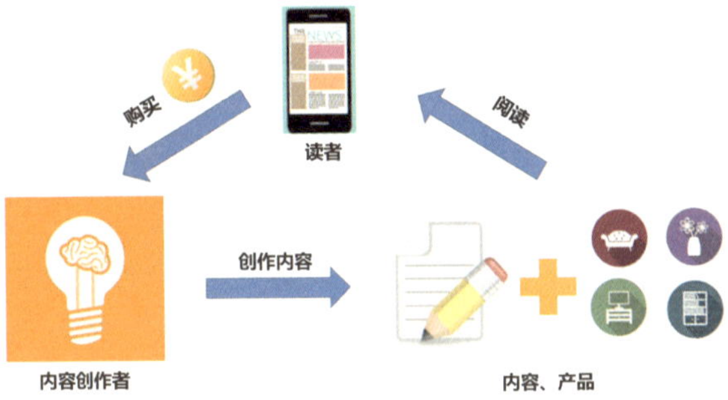

图 6-12

6.2.5 超级 IP 变现

内容创业的最高阶段，就是超级 IP 变现的阶段。此时已经超越了内容创业的边界，整合多个渠道、领域的资源多途径地实现变现。超级 IP 变现示意图如图 6-13 所示。

图 6-13

对于各种变现模式的具体介绍，我们在本章后边的几个小节中会详细介绍。

6.3 通过平台变现模式

通过平台变现阶段，主要是流量广告分成、稿费两种变现的模式。这种变现模式最为原始，一般都以个人自媒体居多。作者一般更关注的是内容本身，通过平台获取的收入仅为一种补贴。只有个别在“金字塔”尖的作者，可以通过这种渠道得到丰富的回报。这种变现模式的核心就是粉丝的数量和质量，获得粉丝的关键就是能够提供优质的内容。

6.3.1 流量广告分成

读者一般都会有这样的体验：阅读到文章的结尾，一般都会有一些广告信息，这类广告大都是由平台提供的流量广告。流量广告分成是自媒体最容易实现的变现方式之一，作者在信息平台发布信息，信息平台通过对阅读用户的匹配，在文章结尾插入广告。阅读用户如果点击广告，文章作者或运营者就会获得广告收入。根据 iiMediaResearch（艾媒咨询）数据显示，2016 年 35.5% 的自媒体通过流量分成盈利。

目前自媒体平台繁多，主要有微信的流量主、微播易、头条号平台的头条广告等。以微信的流量主为例，介绍一下如何通过流量广告变现。

首先看看腾讯官方对于微信流量主的要求：

（1）注册类型为企业、个人、网店商家、其他组织类型的公众账号（订阅号、服务号），粉丝超过 5 千人；

（2）媒体、政府类型需要微信认证的公众号且粉丝超过 5 千人；

（3）订阅号用户需要有群发文章超过 15 条的记录（不包括已删除的文章，需要使用群发功能成功操作的有效文章内容）。

早期微信规定，未开通原创功能的公众号，需要 5 万以上的粉丝才可开通流量主，目前粉丝数量超过 5 千人就可以申请成为微信流量主，也体现了微信对运营者的一种鼓励。流量主的展现形式及种类如图 6-14 所示。

图 6-14

流量主收入一般是以 CPCC 的模式进行结算，广告免费，当用户点击广告时才要支付费用。每点击一次大概可获到 0.3 元收入。因此对于内容创业者来说，不是开通了就有收益，用户的点击率一般在 1% 以下，以此测算粉丝数超过 10 万才会有一定的收益，否则收益将过少。

由此可见，此种模式的核心在于流量。个别草根创业者盈利的目标很明确，他们只关注流量，通过流量坐收广告收入。他们会通过一些文章的转载、标题党文章、福利活动，打造几个十万粉丝的公众号，再将粉丝导入其他的公众号，迅速形成微信公众号的矩阵，从而获得数量可观的流量并通过流量广告分成变现。

当然，上文提到的这种草根模式不具备持续的发展能力，内容创业还是要回归内容本身，通过内容吸引粉丝。一篇 10 万以上阅读量的文章，如果用户点击率为 1%，每点击一次按 0.3 元计算，就有 300 元以上的收入。

6.3.2 稿费

“稿费”作为传统媒体作者的收入形式之一，一直存在。在移动新媒体时代，部分平台依然通过稿费的形式吸引优质的内容，其中最典型的是“腾讯大家”。

据传“腾讯大家”的稿费标准是新手 1800 ~ 2500 元 / 篇。目前“腾讯大家”尚无广告，腾讯看重的是品牌的影响力，因此对文章的内容也有较高的审核机制。

6.4 通过商家变现

通过商家变现的阶段，主要结合自己的内容和渠道，为商家提供各种广告的推广，主要有软文广告、整合营销两种变现模式。此阶段的核心内容是将自己的流量导流给商家，商家通过 CPS、CPC 等方式支付广告费用。

6.4.1 软文广告

平台广告的匹配都是由平台自动完成的，其内容文章作者往往难以自我控制，如果广告和文章的内容匹配，就会增加阅读者点击广告了解相关信息的可能。但如果匹配的广告和文章内容不匹配，就会大大降低读者进一步了解广告的欲望。如果广告内容不得当，甚至有可能会影响粉丝的感知。也许正是基于这个原因，很多内容创业者采用最多的广告形式是软文广告。

软文广告这种方式，作者可以自己把握广告的形式和内容，可降低对粉丝的影响。软文广告一般会把软文撰写、投放一起打包销售。收费取决于粉丝数量和质量，粉丝越多、质量越高当然收费越贵。

一般来讲，广告对内容是一种伤害，甚至会影响粉丝的感知，如何能既不伤害粉丝又能把商家的钱赚到，这就要看文章作者的功力了。但不排除个别人格魅力超强的头部大号，粉丝明知是广告，还是会愿意购买偶像推荐的产品，以表达对偶像的支持。

软文广告的最高境界，是让人看了浑然不知道是广告，或明知道是广告，但被它的内容吸引、打动，不但乐意接受，甚至还会转发分享。

“国民段子手”薛之谦，2016 年上半年开始凭借段子手的身份“意外”走红。更有网友将他的微博广告风格称为薛氏广告，他的微博长文经常以说故事的形式，图片配合调侃性的文字。文章易读，往往用意想不到的方式引出商家广告。很多网友甚至坦言，爱看薛之谦的广告，就是想看看他最后如何抖出这个“包袱”。薛氏广告如图 6-15 所示。

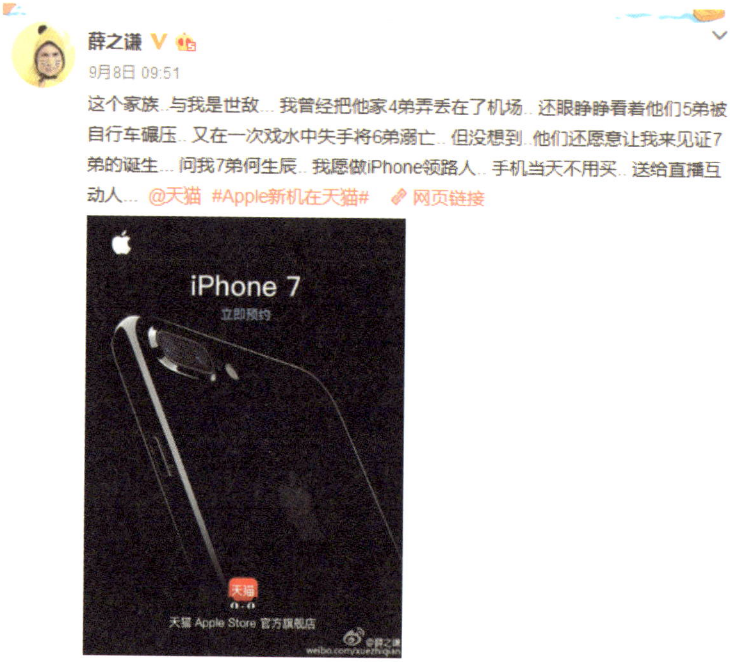

图 6-15

6.4.2 整合营销

在内容创作者大量涌现，各平台启动抢夺优秀内容创作者的混战当中，微博、微信已不是唯一的内容传播渠道，企鹅自媒体、今日头条、百度百家号、搜狐自媒体、UC 头条等，还包括各类视频网站，淘宝、京东等电商平台等，内容创作者越来越讲究内容的全渠道分发。在这样的多平台碎片化的大背景下，商家品牌端要进行广告投放会变得更加复杂，在新媒体和社交媒体的内容营销投放已经不再是中心化流量的投放方式，因此在广告投放这个领域，为商家广告投放的整合营销机构将有很大的发展空间。

4A 广告公司帮助品牌进行广告投放的链路在不断发生变化，新媒体的投放显得尤为重要。而像微播易、新榜、新片场一类的新媒体整合营销公司，一边方面整合优质的内容创作者和账号，有清晰的数据衡量广告价值，另一方面帮助商家整合资源进行广告投放的设计和执行。同时，这类型的公司会与内容平台有更深入的合作，成为平台的 MCN（Multi-Channel Networks），一方面帮助平台引入孵化更多内容创作者，另一方面帮助内容创作者培育受众，提供营销推广、品牌赞助等方面的服务，从中抽取服务费。

广告变现的问题

广告变现的主要瓶颈还是来源于自身的模式，广告变现模式主要是将自己用户导向其他的品牌商品或服务。

- 是对自身用户资源的一种消耗，并通过较为廉价的流程分成的方式获得收入，仅将用户的极小价值留给自己，将大部分价值导入第三方平台。
- 后续产品购买的体验、产品的服务，都由第三方提供，不在原渠道的可控范围内。如果出现产品使用、服务中的问题，则将会对原自媒体账号产生负面影响。

6.5 通过用户变现

通过用户变现阶段直接将内容、服务变现，比较常见的变现模式包括内容电商、内容付费、打赏、会员会费。此阶段可将用户的价值留在自己的平台、品牌上，使用户的价值得到充分体现。

同对商家变现阶段相比，此阶段对能力的要求更高，不但要有内容创作的能力，还需要供应链、商务拓展等综合能力，需要提供售前、售中、售后的服务。

6.5.1 内容电商

iiMediaResearch（艾媒咨询）数据显示，2016 年，4% 的自媒体主要通过电商盈利。内容电商就是以内容链接商品和消费者的电商模式。

内容电商是以内容为起点，通过内容吸引粉丝，再向粉丝提供产品或服务的电商模式。同传统的电商模式相比，内容电商首先关注的是内容，而不是产品赤裸裸的营销。通过内容，使读者对产品背后的品牌、故事、人物产生共鸣，得到认同，从而提高用户的购买意愿。

近些年内容电商的崛起异常火速，主要原因是：

- 传统 B2C 获客成本不断提升。内容电商通过优质的内容，聚集了大量粉丝，如同形成一个势能很高的蓄水池，可迅速快捷地将流量变现。
- 消费升级，大部分消费者不再是考虑哪个更便宜，而是考虑哪个能彰显自己的个性，突出自己的价值观、表达自己的调性。

内容电商近期最火的莫过于“罗辑思维”了。2012 年年底，罗振宇与独立新媒体创始人申音合作打造《罗辑思维》知识脱口秀节目。罗振宇本着“死磕自己愉悦大家”的精神，坚持每天发送 60 秒语音，并播出《罗辑思维》的视频脱口秀节目。2014 年罗辑思维开始试水内容电商，7 月 18 日推出罗辑思维“真爱特供”月饼，随后罗辑思维开始卖书。20 个月的时间，罗辑思维毫无悬念地完成了 2 亿元的销售收入。

另一个典型的内容电商的例子是“小小包麻麻”。“小小包麻麻”微信号的文章质量极高，2014 年开始运营，经过了几篇爆文之后，特别是 2014 年年底的一篇《老公！请这样给我拍照片！》，阅读量达到 500 万次，粉丝迅速增加，2014 年年底就获得了 20 万元收入，在当时已经算头部的大号。目前“小小包麻麻”公众号已有 200 多篇 10 万以上阅读量的文章，粉丝关注数达到 400 万。“小小包麻麻”公众号界面如图 6-16 所示。

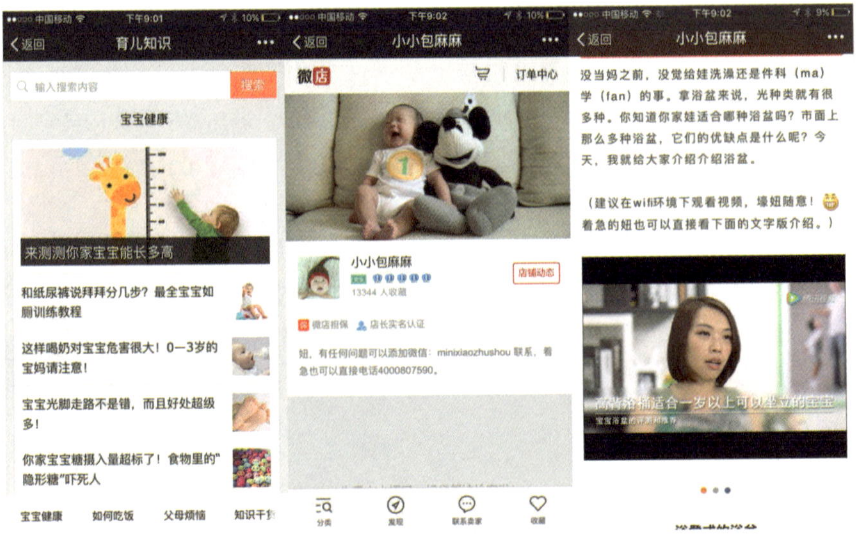

图 6-16

“小小包麻麻”的内容主要分为产品测试和育儿知识两大类，其中产品测试是“小小包麻麻”最强的能力之一。这主要得益于三位创始人贾万兴、王晔、邵英此前都是从事 IT 测评行业。

由于母婴人群的特点是咨询获取与购买高度相关。2014 年年底，当微信公众号粉丝达到 20 万后，“小小包麻麻”开始试水电商。每天的推文中，除了一条有关日常的分享育儿知识，其他都简单粗暴地写明“开团”、“明日团”，采用团购的方式与商家合作进行电商销售。对于一些周边产品，也用一次性大批量采购的方式进行销售。

目前团队已经有 100 多人，除内容制作人员，还有客服、仓储、运营、采购、开发人员、供应链等岗位人员。

“年糕妈妈”创始人李丹阳，浙江大学医学硕士毕业。2014 年生下“年糕”（儿子小名）后做起了全职妈妈。由于是医学专业毕业，经常分享育儿经，李丹阳逐渐成为身边朋友中的 KOL。自 2014 年 7 月起，开设自己的微信公众号“年糕妈妈”。“年糕妈妈”的专业知识加上自己育儿的心得，辅以国外专业理论的支持，加之用小故事、小漫画和小视频等简单易懂的方式表达，很快爆红。相比网上良莠不齐的文章，很多读者将“年糕妈妈”做育儿百科全书使用。公众号头条的阅读量平均在 70 ～ 80 万左右，最高达 200 万以上，目前公众号粉丝超过 700 万人。

由于对“年糕妈妈”的信任，在公众号文章中涉及一些产品，粉丝会咨询如何购买，甚至希望从年糕妈妈这里直接购买。2015 年起，年糕妈妈开始专做电商。在货源上，年糕妈妈自身没有仓库，通过和品牌商或代理直接对接。

内容电商变现的一般过程是，首先是自媒体产生内容，用户捕获内容，并对内容表达的观点、价值观高度认同，关注自媒体账号。然后自媒体账号推送商品、服务信息，用户阅读后产生购买行为。当产品和服务的品质能满足用户的期望时，能对自媒体产生正面的反馈，进一步加强对其认同。从内容电商消费的流程看，有以下几个方面需要注意。

- 内容的吸引力。内容电商的核心是内容，只有契合用户的内容，才能使用户产生购买的冲动，能够带来销售转化的内容绝不是简单的转发（前期部分自媒体还可以做到）、心灵鸡汤、话题炒作、搞笑卖萌就可以的。内容电商更多的是价值的传递、调性的相符。
- 选品及服务。内容电商模式适合低频高客单同时又非标准化的产品。比如罗辑思维出品的图书，都是绝版图书的再版，或罗辑思维独家定制版本，大多是只有在罗辑思维的公众号、得到 APP、罗辑思维天猫店才能买到的货品。罗振宇坦言：“2015 年过去，罗辑思维这个微信小书店，从不定期上新，到每周五固定上新书。从开始的三五本书，到如今独家在售将近60种图书。一年的图书销售额超过了1亿元人民币，而且我们还守住了图书不打折这个底线”。又如主打生活短视频的互联网新媒体“一条”，定位高端，不做幽默的段子，选题多采用中产阶级的人物为主角，表现其特定的某一类生活方式。在圈粉千万后，2016年8月中旬“一条”宣布上线“一条生活馆”APP，它卖的东西虽不是奢侈品但基本算轻奢，主要消费人群还是小资、文艺青年。

- 注意服务及售后。选品、售后、服务，都是自媒体人格化的体现，如果出现问题，则将会影响用户对自媒体的信任。

- 供应链的挑战。电商变现模式最大的挑战之一便是供应链。很多内容创业者懂得内容、推广、粉丝运营，但缺少电商的基因。电商需要整合能力，需要搭建完备的供应链体系。

6.5.2 知识付费

美国作家克里斯·安德森曾有本很出名的书《免费：商业的未来》，根据克里斯·安德森的理论，“免费”的商业模式建立在比特币、数字化为基础的经济上，如果一个产品可数字化，那它的成本趋于“零”。基于互联网的“免费”逻辑，在中国至今未能形成版权付费的消费习惯。然而经过2015年、2016年用户消费行为的培育，知识付费模式逐步成熟。

果壳网在2015年3月13日推出产品“在行”。通过“在行”，可以约见不同领域的行家，与他们进行一对一见面约谈。2016年5月，果壳网推出旗下产品“分答”。用户在分答平台设置付费问答的价格，其他用户可以付费向其提问，对方用60秒的时长来回答。问答环节结束后，“游客”若感兴趣，可以继续花钱收听，所付的钱将由提问者和回答者平分。

2016 年 5 月 14 日，知乎上线产品“知乎 Live”。答主可以创建一个 Live，它会出现在关注者的信息流中。用户点击并支付票价（由答主设定）后，就能进入到沟通群内，答主和其他用户便在群内开始问答沟通。

2016 年 5 月，罗辑思维“得到”APP 推出“专栏订阅”，截至 2017 年 2 月共有包括《李翔商业内参》等 19 个栏目，除《罗辑思维》1 元 /4 年和《王烁大学问》199 元 /9 个月外，每个栏目的月费为 199 元 / 年，根据目前注册的用户数统计，销售额累计达到 1.53 亿元。

知识付费应该是内容电商模式的高级阶段：内容即电商销售的产品，由于产品的成本近乎等于零，在移动互联网上进行营销，成本不会因销量的增加而显著增加。

内容付费的关键，还是内容本身能对用户有价值，以罗辑思维为例，大致可分为以下几个类别：

- 垂直性，金融、经济、科技等专业性较强的学科，如《李翔商业内参》、《前哨王煜全》；
- 改变观点、提升对世界的认识，如《万维钢精英日课》；
- 提升鉴赏能力、自身修养，如《雪枫音乐会》。

6.5.3 打赏付费

打赏功能 2016 年在微信公众号、直播平台逐渐兴起。以微信公众号为例，为了鼓励微信公众号上产生更多的优质原创文章，原创作者可以在文章的结尾加上赞赏的功能。读者可根据自己的意愿，阶梯式地对文章进行赞赏。根据公众号“小道消息”的运营者冯大辉透露，开通赞赏功能后，半年时间里赞赏收入约有 10 万元。

如果要开通赞赏功能，则首先要开通原创声明功能。原创声明功能是提供给原创作者保护原创的机制。文章在原创声明成功后，微信公众平台会对文章添加“原创”标识。如果有“原创”标识的文章被其他用户在微信公众平台上发布，系统会为其注明出处。一般来讲如果坚持写原创文章，两到三个月便可获得原创声明功能。

开通原创后，发布的原创文章达到一定的量级，并且没有发生违规行为，微信平台会综合考核后发出赞赏功能内测邀请。本书定稿前，赞赏功能还处于测试阶段，仅对个人账号开放。

赞赏功能的计算周期，目前为 7 天。如果在结算周期内，作者有违规行为，结算资金将被冻结。

2016 年以来直播行业火爆，频频有新闻报道未成年人给某个主播超额的打赏。2016 年 7 月 11 日晚上 9 点，papi 酱在八大直播平台（一直播、美拍、斗鱼直播、花椒直播、熊猫 TV、百度视频、优酷直播、今日头条）做直播处女秀，总观看人数突破 2000 万人，各平台收到礼物数折合人民币 90 万元，获点赞近 1 亿次。从一直播平台公布的数据看，当晚 papi 酱获得站内 6318840 个金币的打赏为全网最高打赏（注：100 直播金币 = 人民币 1 元），有网友吐槽“打赏 6 万多就全网第一了，那些单场 10 万的传说是什么鬼”。由此来看，即便有 2016 年第一网红之称的 papi 酱通过打赏变现也不尽理想。

现实中，绝大部分自媒体人“打赏”的收入是很微小的，如果想靠打赏获得持续的变现能力，是不太现实的，很多作者仅将其看作是读者对自己的肯定，作为日常成本的一种补贴。

6.5.4 会员会费变现

用户变现的一个比较高级的阶段就是通过会费变现。通常收费会员会比普通会员享受更多的服务，部分信息仅对收费会员开放。

罗振宇的罗辑思维第一期会员共5500个，其中普通会员200元/人，共5000个；铁杆会员1200元/人，共500个。在不到半天的时间里，这5500个收费会员名额全部售罄，收入160万元。罗辑思维2015年付费会员总共有66000名，其中普通会员300元/人，共50000个；铁杆会员1500元/人，共16000个，共计收入3900万元。

“樊登读书会”2013年成立，到2016年年底共有60万付费会员，年营收接近1亿元。

这种会员收费的形式，也不仅限于大V，许多小而美的自媒体团队也可通过这种形式变现。《静言股市》是优酷上有关炒股的一档自媒体课程，到2017年2月优酷的订阅用户也仅有1.7万人。2015年《静言股市》粉丝数虽然只有5千多，但质量非常高，而且定位精准。《静言股市》推出终身会员资格，6800元/人，在两天内就招募了130名收费会员，总成交88.4万元。

会员会费变现模式，看似简单，但关键是付费能否给用户带来更好的体验，提供用户所需的服务。同时除了做好内容，还需要做好线下的社群运营，通过社群，逐步扩大影响，进一步加快发展。

6.6 IP变现

超级IP是近一两年较为流行的一个话题，IP通过授权、衍生产品等方式，突破了内容的天花板，提供了更加宽阔、有想象空间的变现方式。

所谓 IP，就是围绕内容、口碑、粉丝、势能、变现、产品而打造的亚文化。它可以是原创短片、文学作品、漫画作品，也可以只是一个概念。

近些年比较火的超级 IP 的例子是《鬼吹灯》。2006 年 3 月，笔名为“天下霸唱”的作者在网络上发表《鬼吹灯》小说，同年 4 月新浪读书、起点中文开始大力推广。2016 年 12 月，《鬼吹灯》荣登新浪读书风云榜，从此开启了 IP 化的道路，在 IP 改编上，主要有以下几个方面。

- 漫画：分别由中国漫画家林莹、姚非拉，于从 2007、2009 年，将其改编为漫画。
- 游戏：2009 年，以鬼吹灯故事为背景改编而成的游戏上线。
- 电影：依据《鬼吹灯》小说系列之《精绝古城》改编成电影《九层妖塔》，于 2015 年 9 月 30 日全国上映。该片由陆川执导，由姚晨、赵又廷领衔主演，唐嫣、凤小岳、李光洁、王庆祥、冯粒、吴军、李晨、王德顺等联合主演。同年 12 月 18 日，由乌尔善执导的悬疑动作片，陈坤、黄渤、舒淇、杨颖、夏雨领衔主演的鬼吹灯之《寻龙诀》公映。
- 图书：天下霸唱对《鬼吹灯》进行全新修订，2015 年 11 月，由青岛出版社出版。
- 话剧：2016 年 6 月，推出话剧版《鬼吹灯》。

另一个比较典型的例子是同道大叔。2016 年年底内容创业最火爆的新闻无疑是同道大叔卖身，创始人套现 2 亿元的新闻。同道大叔的变现，经历了以下几个过程

1. 内容创作

2013 年 6 月，同道大叔开通微博，一开始通过免费给粉丝画肖像漫画吸粉，但效果欠佳。就这样不温不火，一直到了 2014 年 1 月，同道大叔

发布了一篇讲十二星座失眠的文章，当晚转发就超过了 4 万次。通过对微博私信话题的分析，同道大叔发现大量星座、情感、倾诉、交友、无聊等关键字，发现星座可能成为连接人和人之间很重要的纽带。2014 年 6 月 9 日，开始推出“大叔吐槽星座”系列，通过幽默诙谐的漫画，一针见血地反映了各个星座的特点，受到网友的热捧，一年时间粉丝就达到了 500 万人。

2. 内容变现

有大量粉丝在手后，同道大叔开始考虑变现的问题。同道大叔最早采用广告变现模式，通过漫画，将星座人群特点与商家产品特点结合并构建故事，并将产品 lOGO 或商家活动宣传海报植入漫画。

3. IP 化运营

2015 年 10 月，同道大叔开始战略升级规划，意图从自媒体向平台化方向进化。通过四个阶段，逐渐开展 IP 化运营。

第一阶段：IP 化

首先是将“同道大叔”、“十二星座”IP 化。基于对各个星座的理解，结合社交媒体广受关注的各种动物，将每个星座的形象都具体化。同时将蔡跃栋个人与同道大叔剥离，蔡跃栋不同于 papi 酱，他本身不是 IP，“同道大叔”是 IP。同道大叔 IP 形象如图 6-17 所示。

图 6-17

第二阶段：产品化

有了 IP 就代表具有了长期生命力和商业价值的跨媒介内容，接下来再将内容变为具体的产品。一方面同道大叔出版了《千万不要认识摩羯座》图书，销量有几万册；另一方面，同道大叔围绕星座设计开发了一系列的衍生产品。经过大约半年时间，同道大叔开发出了 500 多个 SKU，有搪胶、毛绒、内裤等。随后衍生产品不断丰富，涵盖饰品、文具、服装、家居、休闲食品、3C、动漫等各品类。

第三阶段：线下发展

第三阶段，为增强影响，由线上转为线下。2016 年 7 月 8 日 ~ 8 月 15 日，潮爆星座嘉年华十大城市巡展 · 广州站在广州正佳广场 Fun 趣启幕，在一个多月时间内，门票销量超过万张，线下衍生品销售近 200 万元。通过这种线下星座展览的形式，可以将 IP、形象、商品快速传递到用户身边，进一步强化品牌和形象。活动现场如图 6-18 所示。

图 6-18

2016 年 9 月 6 日，“同道咖啡” Uncle’s Friends Cafe & Store，在上海第一天试营业，同道大叔咖啡厅分为展览合照、休闲咖啡、周边购买三个区域。为了突出星座主题，同道大叔邀请法国主厨 Federico Duarte 研发了十二星座定制美食。“同道咖啡” Uncle’s Friends Cafe & Store 如图 6-19 所示。

图 6-19

第四阶段：打造泛娱乐生态链

同道文化以（同道大叔公司名）以星座为核心，逐步涉及话剧、娱乐、游戏、影视等多个行业，早已超出媒体行业。

总结一下，超级 IP 主要经历培育和变现两个阶段。一般前期培育的时间都会比较漫长，通过超级 IP 的内容化特征和人格化属性，采用文字、视频、漫画等表现形式，逐步聚集粉丝，当粉丝数量足够大时，就可以开始向变现的方式运营。

6.7 阿里创作者的商业模式

淘宝、天猫作为购物场景，内容创作者在电商平台上的商业化可以说更直接粗暴。淘宝作为电商升级内容开放平台的先行者，其撬动整个内容生态的很多做法都走在市场前沿。接下来我们就盘点一下在阿里创作者这个领域常见的一些变现方式。

6.7.1 CPC

以淘宝头条为例，是一个购物类和非购物类资讯聚集的栏目。购物类资讯类似测评、榜单、好货推荐等；非购物类的资讯包括热点事件等资讯。对于有内容创作能力，但是没有很好的选品能力的创作者，平台会根据读者的标签在创作者内容末端匹配推荐的商品，只要消费者点击，创作者就可以获得 CPC（Cost Per Click，每点击成本）的收入，这和我们上面说到的平台广告是一个逻辑。淘宝此举是为了鼓励更多百花齐放的优质内容资讯，而不是一味地提倡导购类资讯。

站在商家的角度，将一些需要教育市场的口碑内容投放淘宝头条是一个不错的选择。当然，鉴于淘宝头条的瀑布流和千人千面的属性，在这样的栏目投放，单账号单篇的效果只能是用“碰运气”来形容，要有更好的效果应该多账号多篇进行一定强度的投放。

淘宝头条入口及广告如图 6-20 所示。

入口　　“淘宝头条”界面　　广告位

图 6-20

6.7.2 CPS

对于既有内容创作能力，又有不错的选品能力的创作者，通过内容直接导购，产生成交后获得销售佣金的方式就是 CPS（Cost Per Sales，以实际销售产品数量来换算广告刊登金额）。淘宝的有好货、必买清单、爱逛街等栏目都是比较直接的导购类内容，由于在购物场景下，加上淘宝千人千面的数据算法，消费者的购物转化是很可观的。选品能力强的创作者佣金的收入每月数十万元也不足为奇，像虎扑识货这样的大咖创作者账号，佣金收入一般月过百万元。

6.7.3 V 任务广告营销费

在微博微信领域，广告主希望找合适的自媒体号进行广告投放，可以通过微播易这样的平台进行寻找匹配。在淘宝，V任务后台就是让商家和创作者间进行广告服务费交易的官方平台，商家和创作者都可以在平台上自由招商。对于创作者而言，将广告营销费用进行变现，需要有招商能力和较强的商家服务能力，因为对于新进入内容营销导购的商家而言，在对内容营销的理解不透彻的情况下，或创作者沟通服务能力不强的情况下，很容易出现沟通合作不畅顺的情况，差评将是最终的结果。那么对于自行招商能力和服务能力有限的创作者而言，挂靠MCN机构将是一个不错的选择，这就是接下来的MCN机构的变现方式。如图6-21所示。

图6-21

6.7.4 MCN机构

各大内容平台为了能够更快速高效地引进更多的内容创作者，会签订绑定一些MCN创作者机构，MCN创作者机构为平台引入更多内容创作者并且孵化旗下账号的成长。在 2016 年，淘宝合作的直播类的 MCN 机构就超过 100 家，2017 年将进一步吸引更多图文类和视频类的 MCN 机构。MCN 机构的盈利方式一方面是通过帮助品牌方进行整合营销的广告服务费，一方面是旗下创作者的佣金抽成。像新片场、二更这些都是淘宝视频类的 MCN 机构，也有能力不错的内容团队发展为 MCN 机构，比如母婴类做得不错的茉莉妈妈，在 2016 年双 11 获得淘宝 V 任务后台全国第一，原本内容定位为母婴好货指南，2017 年发展为针对妈妈群体垂直的 MCN 创作者机构。

6.7.5 创作者店铺

这种变现方式和红人店铺的逻辑有所相似，只不过红人是内容而已，当创作者账号的粉丝号召力和内容电商力足够强的时候，有创作者团队会考虑切入店铺维度，代理商品或孵化自有品牌的商品及店铺。在淘女郎的年代，张大奕就是最成功的案例，从红人到红人店铺，在内容层面，IP 孵化逻辑更深了，有粉丝号召力的时候，开创作者店铺是水到渠成的事情。如图 6-22 所示。

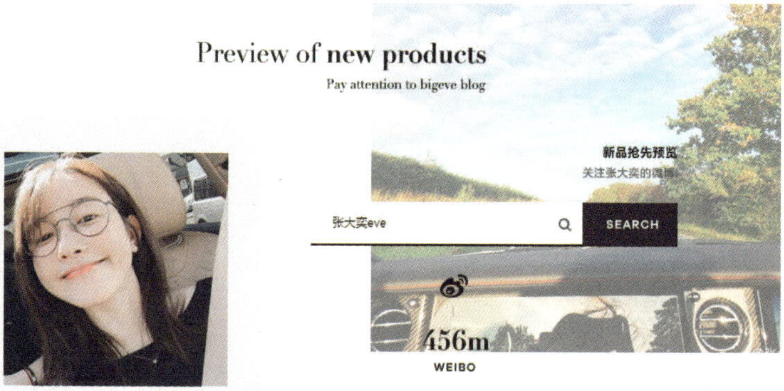

图 6-22

7

图文内容的未来

本章要点：

* MCN 现身说法
* 创作者有话说

7.1 MCN[1] 现身说法

7.1.1 新榜：天猫美妆表白季品牌营销案例

天猫美妆联合淘宝 MCN 机构新榜，在 2016 年共同策划了一次“2.14 情人节表白季”的营销事件。活动选择了 90 后美女博主“深夜发媸”徐老师和时尚美妆 KOL“从良”。从“第三者绯闻曝光”后，两人亲密无间的互动视频被曝光。之后，两人的情话 # 我就是要你 # 上了微博热搜，阅读量升至 350 多万。紧接着，这对“绯闻男女”先后在公众号上推出数篇阅读量在 10 万以上的爆文，双双出现在天猫表白季的醒目位置，并推出一套带有品牌名称的“情话表情包”。众多网友贴心留言：“这是什么产品”“感觉钱包要被掏空”“不知道情况先 follow 一个”。这次内容营销里，自媒体 KOL 联合多平台、多品牌到底是怎么玩的呢？

1. 制造话题：一个 KOL 的第三者绯闻

作为公众号圈最早一批崛起的网红号，“深夜发媸”如今已经完成了从深夜情感号到时尚号的转型，很多人对江湖上徐老师的印象也开始从有点小污的情感博主转为“不怎么装的时尚创作者”。此外，由于徐老师的御用插画师 / 男友经常出现在“深夜发媸”中，粉丝也一直清楚徐老师恩恩爱爱的感情状况。

这些都为天猫表白季 # 我就是要你 # 这次策划进行了铺垫，更何况风暴中心的男主角是乍看上去略高冷的美妆创作者从良。时尚 KOL、第三者、

1 MCN（Multi-Channel Network）是一个随着YouTube视频平台网站的兴起而产生的行业。MCN在兴起之初扮演的是一个连接散户（网红）和平台（YouTube）的中间服务商的角色。提供的服务有内容整合、交叉推广、变现销售、观众拓展、版权管理、技术支持等。

绯闻……这些信息被集中酝酿，预告视频在 2 月 5 日借由两位 KOL 的 50 多万微博粉丝进行了首轮爆发，如图 7-1 所示。

图 7-1

当天，震惊文化旗下微博大号 @ 当时我就震惊了，相关品牌的官微也跟进发布各自专属的品牌版视频，仅这条“绯闻”（其实是拍摄花絮）视频的播放量就超过 200 万次。

2. 增进传播：时尚大片 + 品牌表情包

经过第一轮的“绯闻爆料”，第二轮品牌造势在 2 月 6 日快速跟进，呈现形式主要是时尚大片和品牌定制表情包，如图 7-2 所示。

图 7-2

图 7-2（续）

图 7-2（续）

时尚大片的主人公依然是徐老师和从良，这种形式也很符合前奏铺垫的意境：绯闻男女主角持续秀恩爱；时尚大片也符合两位时尚博主的角色定位，除了 @ 从良良先生 @ 深夜徐老师，@ 红鹤笔记 @ 剁手公主及相关品牌官微也参与发布，如图 7-3 所示。

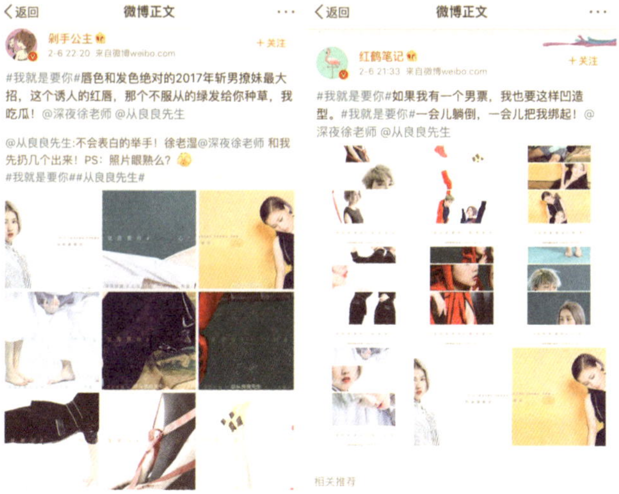

图 7-3

随之而来的还有品牌表情包，@娱乐圈扒姐 @毒舌太子妃等账号也来助力。这组“大片 + 表情包”的微博浏览量达到 100 余万次，如图 7-4 所示。

图 7-4

3. 打造爆文

2 月 8 日～2 月 11 日，“从良”、“深夜发媸”先后推出 7 篇品牌推广文章，其中 5 篇阅读量在 10 万以上，“深夜发媸”旗下公众号“深夜种草”也参与发文，在微信公众号领域进行了一轮内容引爆，如图 7-5 所示。

品牌	公众号	文章	阅读数
兰蔻	从良	《深夜发媸x从良|这一只，只送给你！》（头条）	10万以上
御泥坊	深夜发媸	《徐老师要从良？被黑or真爱？答案其实是……》（二条）	7.9万以上
韩后	从良	《要？一种什么样的爱情？》（头条）	10万以上
芭比波朗	深夜发媸	《内含福利！女生必备的6只口红，这些色号你还缺哪个？》（二条）	10万以上
悦木之源	从良	《从良x深夜发媸|三人行的爱情观，有点不一样？》（头条）	10万以上
淳萃	深夜发媸	《我才不要过干涩的情人节|保持丝滑的三个小技巧》（二条）	9.6万
妙卡	从良	《情人节避虐指南|这年头，狗粮也不好拌~~》（头条）	10万以上

NEWRANK.CN

图 7-5

正值情人节前的选礼困难期，从这些爆文的评论区留言显示，还是有不少人在这波造势中被强势“种草”。徐老师和从良的其他自媒体平台也助力推送。

4. 引入电商：最终结果还是卖货

作为一次有组织有预谋的品牌策划，最终结果显然是引入电商，进行卖货。

在 2 月 5 日到 2 月 11 日期间，淘宝头条、爱逛街都在各自的渠道配合发文，总篇数近 200 篇。此外，在站内专题页也能看到醒目的话题露出，直接从话题导向商品购买，如图 7-6 所示。

图 7-6

在 2017 年情人节营销案例盘点中，大部分品牌都采用海报、文案、短视频、自媒体投放等单一呈现形式进行借势营销，而天猫表白季 # 我就是要你 # 这次联动自媒体 KOL 和多平台、多品牌的整合营销，或许能为更多品牌和自媒体提供一种新玩法的借鉴。

在这个过程中，品牌自身的资源也成为主要的传播渠道，在各个环节得到了充分的露出；自媒体 KOL 不仅仅是投放渠道，而是成为故事的主角，拥有充分放大个人色彩的发挥空间；用户在参与这个话题的过程中，既与 KOL 形成良好的互动，也为后续的商品转化做了心理铺垫。

7.1.2 茉莉传媒：明星 + 网红创作者，直播 + 图文的内容营销怎么玩

很多人说，2016 年是内容电商营销元年。从年初的“内容开放计划”，到“与内容创业者分享 20 亿元佣金”，淘宝作为中国最大的电商平台，引领着一场电商全新的革命和升级。从追求效率的交易平台，升级为追求乐趣的内容化、社区化的消费媒体平台，电商平台的内容化已成为一种无法抵挡的新趋势。

在这个电商平台内容化的转型升级浪潮中，品牌商家如何抓住这个风口，获得先发优势？KOL 网络红人从各大社交媒体转向阿里创作平台，怎样在激烈竞争中脱颖而出？

作为奶粉品类的领先品牌，惠氏在 2016 年下半年重点布局内容营销板块，在内容营销领域一直走得非常超前，也做出了非常亮眼的成绩。以惠氏 10 月 27 日的黑人直播为例，该场直播，不仅在天猫、淘宝等平台获得了超过 92 万人次的观看，同时还创造了销量神话：直播总计销量达 300 多万元。

在 2016 年下半年的 6 场直播中，惠氏联合专门针对妈妈群体的阿里创作者 MCN 机构茉莉传媒，在淘宝平台共同策划推广执行了几场明星 & 网红直播。从上海名嘴朱桢香港直播，助力聚划算，到“奇葩驾到，辣妈来袭”，奇葩之王马薇薇启赋直播，再到“跟着黄小厨上瑞士赶集去”的惠氏 S-26 金装直播；从黑人兄弟，颜值 PK 智商，再到启赋侯佩岑天猫直播。惠氏是如何与创作者机构合作，怎样利用创作者资源，通过直播主线，全方位配合聚划算、图文内容等，多方位配合帮惠氏在内容营销领域保持领先，怎样在获得大量品牌精准曝光的同时，带来惊人的销售转化呢？明星参与，多网红、多角度切入，图文 + 视频直播同步配合的内容营销到底是如何玩转的？如图 7-7 所示。

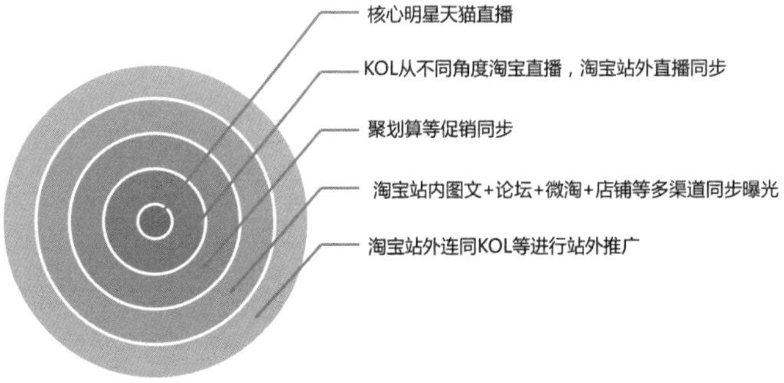

图 7-7

1．内容有趣有料有看点是王道，天猫＋淘宝不同角度直播

纵观惠氏和茉莉传媒在2016年下半年合作的数场直播，都是围绕着有趣、有料、有看点来展开的。内容营销，先要有好的内容，对消费者有吸引力，才能获得好的营销效果。

7月28日，娱乐圈人气王、上海名嘴朱桢受邀参加惠氏BabyNes概念精品店剪彩仪式，在直播间里，朱桢侃侃而谈，分享自己的当爹经验，第一次分享生产过程中的小故事（陈学冬“产科砖家”，林更新凑份子“包红包”，薛之谦逃学看“儿子”，爱德华第一次和李晨家小正太混出道），各种八卦，感动了一片，笑倒了一片。如图7-8所示。

图 7-8

在接下来的一场直播中，恰逢7月30日惠氏S-26金装参加聚划算活动，这次邀请的是一个网红家庭，夏夏小二娘是一个网络红人，最初希望用视频记录宝宝的成长，后来觉得很有趣，于是走向了“搞笑”之路，“搞笑”视频在网上走红；爸爸是一名人民警察，直播的主题是家庭掌柜VS大男子主义，营养育儿观大PK。如图7-9所示，在这次直播中，超萌的宝宝，聪明伶俐，调皮搞怪，父母双方的机智互动在传递品牌育儿观点时还逗得观众大笑不止。

图 7-9

每年 8 月 1 日～8 月 7 日是世界母乳周，8 月 4 日，惠氏启赋邀请了几位嘉宾一起探讨母乳，向母乳致敬。这次邀请的嘉宾比较“奇葩”，她是《奇葩说》里面的“奇葩之王”马薇薇、一手创业一手带娃的女性创业者典范——茉莉妈妈 Monica，以及上海妇婴产科营养专家金焱、网红辣妈可涵一起探讨母乳喂养。在直播中，讨论了很多育儿话题之后，有两个娃的茉莉妈妈 Monica 八卦马薇薇是不是也有生娃的冲动。马薇薇曾经在《奇葩说》里面有表示自己不排除会选择丁克，这个话题引起了粉丝的广泛关注和讨论。淘宝直播不到一小时收获 5 万多次观看。如图 7-10 所示。

图 7-10

2016 年 9 月 25 日，黄磊创办的生活方式品牌《黄小厨》在上海有一场市集活动，不仅有美食嘉年华，更是一场综合了美食、体验与艺术的“黄小厨式生活方式”的盛大演出。

黄磊是惠氏 S-26 铂臻的代言人，作为内容营销的先行者，惠氏当然不会放过这个直播的好机会。在这场直播中，以“跟着黄小厨上瑞士赶集去”

为主题，配合 4 个直播红人，从不同角度切入。网红郭大笑是一位时尚创作者，在淘宝直播平台积累了十几万活跃粉丝，在她的直播镜头下，不仅直播了黄磊在市集上的全程活动，还带着粉丝参观市集上的生活手工制作区；郭果果是一位网红创作者，她从美食达人的角度，带领粉丝逛遍市集上的各种烘焙和饮品小摊，包括已传承五代的拉菲罗斯柴尔德集团、专注高等级的原叶袋泡茶——袋表作、雕刻时光咖啡学院、谷物烘焙学院等。同时，果果还带领粉丝来一场身心灵体验盛宴，现场领略 Zumba、Salsa 舞蹈、欧美乐队 Liveshow 的无穷魅力。黄磊还和网红进行了一场惊心动魄的 VR 瑞士滑雪游戏大 PK。总之，在这场直播中，围绕明星黄磊和多个不同领域的创作者，从多个角度进行品牌信息的传播，内容非常丰富，获得广泛的关注。如图 7-11 所示。

图 7-11

2016 年号称内容营销元年，10 月底，各大商家都开始使出浑身解数备战双 11，内容营销成了最大的战场之一，竞争白热化。要在激烈的内容营销中脱颖而出，有趣、好玩、有料的内容是关键所在。

10 月 27 日，恰逢惠氏 S-26 金装旗舰版智慧上市，惠氏超级直播邀请了超人气明星大咖黑人 & 唐志中倾力加盟，SMG 当家花旦主播丹丹强势助力，港汇恒隆户外大屏同步连线直播，多个网红创作者多角度全方位直播。综艺节目式现场布景：立体4面布景、炫目灯光、多元音效，多角度呈现直播现场；访谈+游戏式互动，趣味多多；综艺式直播模式：软性植入产品及品牌信息，从游戏设置到互动环节，巧妙将金装旗舰版产品的核心卖点“科技营养神经鞘磷脂，有利于宝宝神经元网络化”传递给消费者。如图7-12所示。

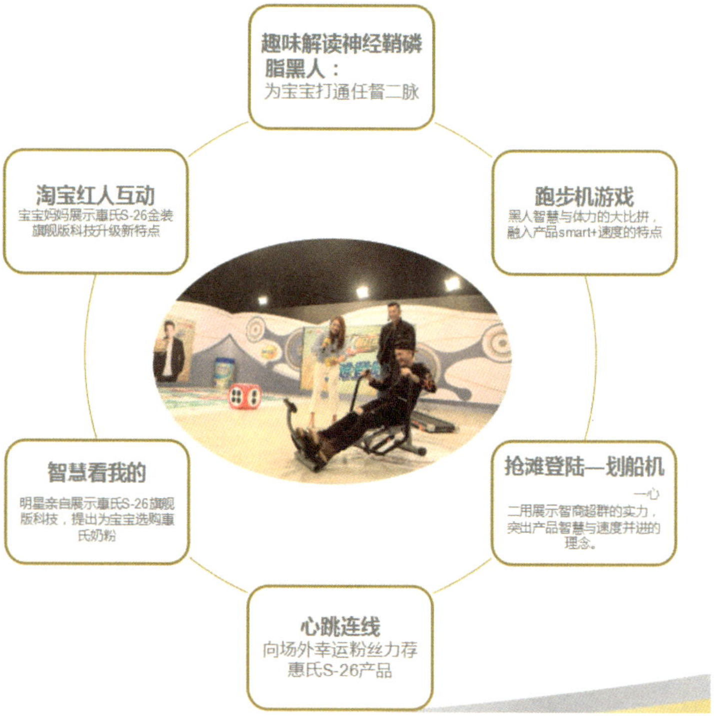

图 7-12

2. 图文配合直播，站内外全渠道推广

在茉莉传媒和惠氏合作的6场大型直播中，茉莉传媒利用站内外资源，进行推广宣传。如图7-13所示。

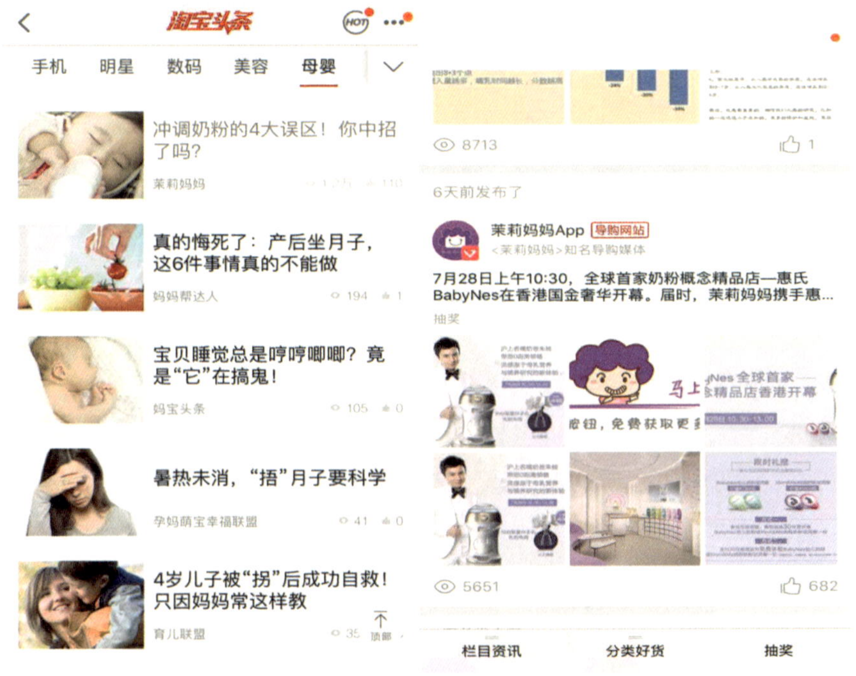

图 7-13

在“跟着黄小厨上瑞士赶集去”的直播中，惠氏妈妈俱乐部、黄小厨微博、网红创作者微博、茉莉妈妈微信公众号进行了同步预热；而站内资源有天猫直播首页日历、聚划算首页首帧 Banner，淘宝头条、茉莉妈妈微淘及网红主播的微淘等内容入口均有相关内容，为直播引流，同时也促进销售转化。如图 7-14 和图 7-15 所示。

聚划算
全部 母婴 家电 女装 男装 鞋包
跟着"黄小厨"上瑞士赶集去
婴幼食品
宝宝用品
玩具书籍
孕妈必备
给宝宝挑选奶粉，这几点一定不能忽略！
在给宝宝挑选奶粉的时候，面对奶源、价位、品质、吸收、安全等问题，大多数家长都一脸茫然。
出游行头
任你挑
全场奢品满减 包邮
积分乐园
充值
天猫国际
聚划算
天猫超市
免费试用
尤物
粉丝趴
领钱了
分类
今日必抢
巨超值
爱国货
直播
范儿
跟着"黄小厨"上瑞士赶集去
9月25日 14:20 上海
奇葩街坊PK马薇薇
刘亦菲仿妆
Sexy！欧瑞尔2016秋季新品发布会
正在直播
天猫主播
达人主页
茉莉妈妈App
5.9万 粉丝
图文
视频
TA赞过
置顶
茉莉妈妈App 导购网站
【时间】2016年9月25日14:20-15:50【活动内容】点击天猫直播间【人物】黄磊对哒！大家...
3个宝贝 抽奖
栏目资讯
分类好货
抽奖

图 7-14

图 7-15

黑人直播前的站内外预热推广有惠氏妈妈俱乐部、主持人榕榕、唐志忠、黑人陈建州等微博大号推广直播；天猫直播首页、母婴会场点位；手淘直播置顶位置；户外大屏同步直播图 7-16。）

图 7-16

淘宝头条配合推广，进行引流，促进销售转化。如图 7-17 所示。

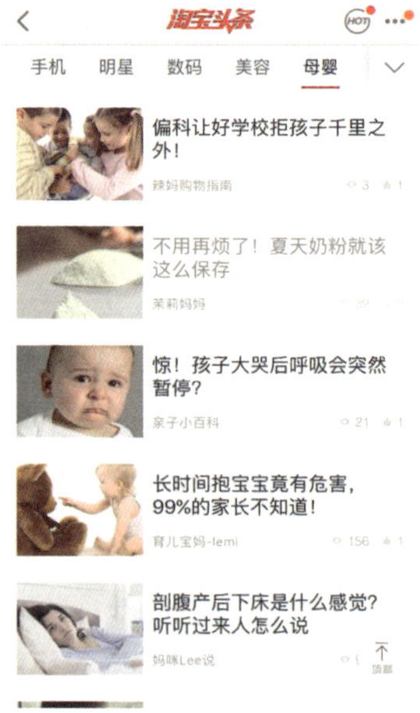

图 7-17

3. 内容营销的最终目的：品效合一

内容营销为什么会在短时间内，受到商家青睐，成为最新的一种趋势？站在商家角度看，核心原因在于，通过和MCN创作者机构合作，进行全渠道的内容营销，不仅可以抢占消费者心智，进行消费者教育，品牌宣传和推广，同时还可以获得直接的电商销售转化。而传统的市场营销，只能进行品牌宣传，不能统计到最终的销售转化。

以惠氏10月27日的黑人直播为例，该场直播不仅获得了超过92万人次观看，同时还创造了销量神话：总计销售额达300多万元。

抓住每个市场营销活动，在电商平台进行各种内容形式的传播，已经成为品牌追捧的营销方式。而在这个过程中，实力雄厚、经验丰富的MCN创作者机构组织网红创作者进行内容共创，全渠道、多内容形式的覆盖式推广，充当着非常重要的角色。

7.1.3 虎扑识货：内容电商的核心生命力在哪里

随着新消费时代的来临，内容电商正迅速崛起。越来越多的消费者在看直播、看短视频、看自媒体文章的过程中购买商品。

虎扑识货作为虎扑体育旗下的电商导购平台，2016年实现了全年运动装备GMV首破10亿元以及双11当天3亿元的骄人战绩。不仅是体育垂直电商领域的佼佼者，更成为最大的运动消费导购入口。

1. 内容电商成风口，虎扑识货敏锐地捕捉了趋势

第一，随着电商迅速发展，线上商品供给过剩，消费者希望降低发现和筛选的成本。过去淘宝时代解决的是商品的有效供给和丰富性需求，而在商品供给过剩后，搜索已满足不了精细化、个性化的用户需求，如何帮

助消费者更高效地买到心仪产品就成了新的诉求，这是内容电商迅速崛起的大背景之一。

第二，内容电商本质上是一种营销手段，它成为各大电商角逐的焦点。主要因为电商经过这十几年的快速发展，流量红利消失了，为了争夺用户的关注，传统的货架式的电商逐渐走向内容化，希望通过优质的内容激发用户购物的欲望。淘宝开始大力发展阿里创作者就是一个很好的证明。

第三，消费升级以后，消费者购买的商品属性也发生了改变。用户购买的不仅只是商品本身，还包括了商品所传递出的情感、体验、内容等附加值。而内容电商正好迎合了消费者的新偏好，能满足其新形态下的购物体验。知识的扩展、心理层面的满足都是用户更高层面的购物需求。

因此，虎扑识货的迅速崛起正是把握住了内容电商的趋势红利，通过输出优质内容来吸引用户，或降低其筛选成本，使其获得愉悦的购物体验。

2. 内容电商的核心生命力在哪里

首先，根据不同品类的用户痛点，设计最适合的内容表达方式。虎扑识货最早定义了体育球鞋的内容表达方式，它敏锐地洞察到消费者担心买到非正品球鞋的痛点，以“PGC 球鞋鉴定师 +UGC 创作者评价”来建立用户的信任感，教用户如何识别球鞋真伪，从而激发用户的购买欲望。因此，虎扑识货找准了球鞋用户的痛点，定制了专属的内容表达方式，自然也能轻松俘获用户的心。

其次，优质的内容电商必须拥有持续生产优质内容的机制。虎扑识货在手淘的内容发力也不是一蹴而就，而是长时间的用户运营和精细化的创作者运营相辅相成，长期积淀而生。虎扑最早有装备区、湿乎乎甚至步行街这种用户口碑、基调、热点等话题的自然发酵地；虎扑识货则是沿着内容营销的大潮，搭建了识物和晒物平台，通过话题、栏目和用户共建大量优质内容，长期发展之后具备了孕育 IP 的属性。

最后，内容电商不能只重内容而忽视供应链，这是最大的风险。现在很多做内容电商的团队，多以媒体背景为主，他们擅长做优质内容，但缺少电商的基因，对供应链管控偏弱。导致有些内容电商，只专注于生产优质内容，激发用户购买欲望，逐渐成为消费者发现优质商品的入口，而无法形成交易转化，最后反而为竞争对手培养用户，真是非常可惜。

3. 虎扑识货如何玩转内容电商

第一，虎扑识货的内容表达方式是多维度且立体化的。

在内容广度上，虎扑识货专注于运动装备，并为体育爱好者提供品质生活、潮流穿搭的产品。其中最为著名的是虎扑识货独有的“全网正品装备库”，该商品库是基于虎扑识货全网审核认证的渠道，并提供了创作者口碑的全媒体内容组合，比如图文、直播、短视频等这些站在风口之巅的内容展现形式，虎扑识货都有涉及，从而帮助用户做购买前的决策。

在内容深度上，虎扑识货为了迎合用户内容导购的需求，专门运营一个核心频道“识物”，提供多种特色栏目。比如：精华推荐里面有 UGC 创作者分享的“NBA 每日上脚”，推送每日 NBA 战报的同时，还会推荐一款球星专属球鞋；还有 PGC 的品牌内容栏目“强拆办”，由资深专业编辑执笔操刀，对最新最热的产品进行从文化到技术的深度剖析，以全媒体的形式进行承载和传播，通过直播、视频、图文相结合的方式全方位地为用户带来全面的剖析和高品质的内容。据了解，识物 2016 年一年累计过亿浏览量和百万回复，平均用户分享率高达 10%，可见其内容质量极高，深受用户喜爱。如图 7-18 所示。

排名	达人名称	领域	粉丝指数	阅读指数	互动指数	新榜指数
1	虎扑-识货	运动户外				1000.0
2	果库君	导购				982.5
3	妙汇APP	导购				955.2
4	姜叔的日食记	美食				952.2
5	什么值得买	导购				949.2
6	谈车工坊	汽车				947.3
7	DGBest大玩家	科技				930.6
8	妈咪宝贝传媒推荐	母婴				925.1
9	手机中国CNMO	数码				914.3
10	SIZE传媒	运动户外				892.3

图 7-18

正是基于深耕内容，虎扑识货收获了巨大的内容分发的流量红利。站内虎扑体育与虎扑识货 APP 的流量都有明显提升，站外还有阿里创作者、UC 头条、京东发现、今日头条等顶级内容电商平台的助力。目前虎扑识货在阿里创作者积累了 80 万粉丝，在 2016 年双 11 也是运动领域第一的账号，并被新榜 & 阿里创作者联合评为 2016 年影响力第一的创作者号。

第二，虎扑识货有一套持续生产优质且差异化内容的机制。这是维系内容营销的核心竞争力，识货以“创作者 UGC + 专业特色 PGC + 主题内容策划”的方式，针对不同的导购需求呈现差异化的内容，并兼顾好专业内容生产者与普通用户，形成内容的强势互补。

虎扑识货的 PGC 核心特色栏目包括“强拆办”“众测”“开箱首晒”“球鞋 90 秒”等，期望从行业专业的角度去阐述产品价值，这类内容能给小白用户很专业与权威的感觉。而创作者 UGC 的内容，更强调真实感与口碑效应，容易拉进与用户的距离，产生信任感。虎扑识货也为此专门设立了一套创作者成长与激励的体系，比如在“识物”频道上会定期奖励创作者分享优质内容，而“晒物”频道对于优质的内容会有虚拟货币的激励，可以兑换各种奖品或优惠券，从而驱动内容生态体系的健康发展，持续挖掘出优质的内容。

第三，虎扑识货不仅关注内容，也很注重供应链的管控。

内容营销的本质是服务，如何真正解决消费者在整个购买链中所遇到的各种问题才是关键。因此，虎扑识货不仅要解决购物前的决策问题，还要为消费者提供更好的购物体验，确保商品的正品与高性价比。

过去，电商售假是个老大难问题，运动装备领域也很难避免。虎扑识货针对商品库进行了全网鉴定，筛选有专业资质且商品可靠的供应商，同时在内容社区里面教用户如何识别商品真伪，通过提升用户的认知判断能力来约束商家，导致商家售假的难度极高，一旦售假被发现，更是无法在虎扑识货中立足了。

另外，识货的内容导购也采用了类似“去哪儿”的平台模式，提供更多元化的购买渠道，通过不同渠道间的竞价比拼，使消费者能挑选到最有竞争力的价格。当然识货还有一个团购的频道，会定期找一些商品进行打折大甩卖。

7.2 创作者有话说

7.2.1 创作者“单毅讲装修”：让世界变得更好一点

有人曾经问我，你创业的终点在哪里。刚被问到，骤然一惊，这么重要的问题似乎从来没有想过。思索一番，觉得在当前这种快速变化的时代，谈终点可能是个伪命题，明天都无法把握，何来终点。但这个回答总是无法令自己满意，屡次拷问自己内心后，终于有了一个自己能接受的答案：终点也即是起点，无论何时何地，都要回归初心！

墙面听我的：执着而又倔强的开始

最开始写装修知识，是 2007 年的事，距今恰巧 10 年。

2007 年，买了人生当中的第一套房子，尽管自己就职于某涂料公司，但对装修却是两眼一抹黑。当时我唯一知道的是，根据相关国家标准来说，什么样的腻子和涂料是坚固的，是环保的。除此之外，这些东西到底会被谁抹到墙上，会在什么时间抹到墙上，什么样的流程工艺，有什么注意事项，我几乎完全不懂。

没有经历过装修的人无法理解装修的复杂，几千种材料，几十个公司，几十天连续作业，几万元到几十万元的花费，无论对谁来说，想要完全搞懂都是近乎不可能的任务。即便是装修材料或者施工的从业者，也只是管中窥豹而已，很难说清其全貌。

但曾经做过记者的我，凭着年轻气盛，却非要想把这个事情弄明白。30 天的时间，每天 10 个小时泡在装修论坛上了解相关知识，了解消费者遇到的真实困境，了解装修公司的实际工艺，多次到工地现场、建材市场和生产车间走访，终于完成我在装修领域的第一篇成名作——《毛坯墙刷乳胶漆的八个步骤》。

1 万多字的文章，打字就用了两天时间，上线一周阅读量突破 10 万次，很快被转载的满网都是。很多装修公司都将这篇文章作为设计师的培训教材使用，至今仍有很多涂料企业会按照我的方法将墙面的装修分为八个步骤。

后续我又接连创作了很多深度的装修知识，并持续在线解答业主们的提问。2011 年，为了更好地帮助业主了解装修知识，我将过往文章及问答共计 10 万字整理成了一本《墙面装修红宝书》电子书，免费发放。

单毅讲装修：十年磨一剑，终有所成

2016 年，我开始在知乎上回答问题，从而开启了一段全新旅程。

对我而言，知乎是一块陌生的阵地，虽然一直都有关注也有订阅知乎日报，但真正在这里发言却很少。促成我开始在知乎回答问题，源自于知乎上对“硅藻泥”这种产品一边倒的“黑”。

在我印象当中，知乎是高知群体的聚集地，大家动辄引经据典，时不时还搞几篇学术报告，但没想到在硅藻泥这个具体问题上，知乎的表现更像是个谣言聚集地。而且是一本正经地胡说八道这种谣言。

我加入知乎还是在知乎初创时，当时几乎都是互联网圈的人，而且都是实名，我也是。用实名去撕这些“硅藻泥黑”，好吗？对真相的执着已经让我忽略了这个问题，实名还是网名，只是一个形象或化身而已，它永远代替不了内容本身。而且几轮撕下来之后发现，当内容的含金量足够时，实名可以带来的信任是虚拟网名远远不能比拟的。

从 2016 年 3 月开始，仅几个月的时间，对硅藻泥一边倒的“黑”已经被扭成了更多人选择信赖甚至尝试使用硅藻泥。KOL 影响力之强大，初

见端倪！

因为在知乎上表现出众，2016年被淘宝头条邀请入驻，从此成为一名阿里创作者。

从最开始的4周粉丝破万人打破装修类头条粉丝聚集速度的纪录，再到卖建材每周销售千件引发头条官方关注并采访，再到仅靠一个人写稿在双11当天成交90万元。我使用的ID也从最初十年前在用的“墙面听我的”更换为“单毅讲装修”，这不仅仅是从虚拟网名到真实姓名的更换，更是一种洗尽铅华到质朴本色的转变。

最初，我给自己起名叫“墙面听我的”，但当时我真的还不够格让大家听我的。现在，我只想告诉大家我要“讲装修”，能不能讲好无须自夸，读者看过自会决定。

我写我想写的，我依然执着于真相，10年前应有的回报，终于在这时如数到来。

内容生产力：消费的未来趋势

作为一名创业多年的连续创业者，当我意识到写作可以变现，并且有可能规模化时，还是比较诧异的。

我知道，最近这些年版权保护意识越来越强，从影视到音乐，各种版权纠纷和采买不绝于耳。我也知道，有很多网络小说的作者，小说本身可能没有赚太多钱，但在小说IP化之后作者终于赚够了这辈子的钱。但我从没想过，如我这般普通的作者，也有可能通过创作内容赚到钱，甚至能持续赚钱。

这种现象对我来说实在是有点颠覆，以至于我最初知道这个真相时是抗拒的。我反复想了好久，最终确认这的确是一种健康的，而且是符合未来发展趋势的阳光产业。

以我所在的装修行业为例，当我开始写内容时，实际是个多赢局面：

（1）消费者。作为装修行业从业多年的老兵，作为一个已经实名的人，作为一个本就执着于真相的作者，我会尽可能讲我认可的知识，并力求把知识讲好。对于消费者而言，直观的收获就是可以节约时间，甚至可以节约金钱。赢！

（2）商家。装修行业是严重信息不对称的，这种不对称会导致劣币驱逐良币，消费者往往因为分不清好坏，所以会倾向于买最便宜或者次便宜的，但这些便宜的往往都是最坑人的。很多商家有好的产品，但苦于无法向消费者传递，所以我要做的并不是推销产品，而是要帮助双方尽可能打消信息不对称的局面，这样消费者就自然会选择真正好的产品，商家也就把产品卖出去了。赢！

（3）平台。消费者和商家都希望通过平台降低各自的交易成本，我的内容可以帮助双方抹平信息不对称，提升交易效率，增加平台的黏性和销售力。赢！

（4）我自己。在不断地编辑整理汇总装修知识的过程中，可以发现更多消费者的痛点和行业的弊病，甚至平台的问题。站在 KOL 的角度，我可以在向消费者传递信息的同时，也可以对商家形成制约，对平台提供提升建议，帮助大家一起成长。与此同时，我还可以从消费者身上收获信赖和尊重这种难以购买的精神愉悦，也能从商家身上收获广告费和佣金这种物质酬劳，并能从平台收获对大局的把控，以及对更多真相追逐的动力。赢！

在这种多赢局面下，内容已经不再是简单的精神食粮，更是一种优秀的生产力！

装修大变革：打造更有品质的生活

装修行业一直积弊重重，痛点多多。互联网装修以透明角度切入，力争打破传统装修格局，但从概念诞生到现在几年过去了，装修本身的信息不对称依然没有被彻底解决。

把过去的“黑匣子”（指装修套餐）变成一个“透明匣子”放到消费者面前选，尽管能看得清楚，但依然无法彻底解决信息不对称问题。一个最简单的问题依然无法解决：为什么是这个匣子，而不是其他的？

透明当然是需要的，但还远远不够！

装修如果永远被当成是一项费力的、痛苦的、难熬的、问题很多的过程，那么就不会有人愿意用自己平时的时间去了解它，那么信息不对称将成为一种持续性且无解的状态。把本来需要十年甚至更久的对家的理解和期盼，压缩到几个月甚至几天去做决策，信息怎么可能对称？

那么问题来了：装修到底是不是一个值得我们持续关注的话题？

讲到装修，大家都会觉得答案是否定的，谁会有持续的装修需要呢。但如果改为有品质的生活呢？

再重新问一次：通过理念和硬件的提升，打造更有品质的生活，这是不是一个值得我们持续关注的话题？

这就是装修的未来，这里的装修不只是装修，装修只是手段，目的是更好的生活。

我要讲的虽然是装修，但不仅是装修。一边是最真实的消费者痛点，一边是代表中国制造的各种商家，中间则是以互联网为基础的内容平台，我要通过抹平双方的信息不对称，不断拉升行业的进步，让装修成为一种生活的常态和生活方式。

这不是一句空话，这是我的执着。

有人擅长让大家穿得更美，有人擅长让大家化妆更漂亮，有人擅长让大家做更好吃的食物，有人擅长让大家变得更健康，而我，擅长让大家把家装修得更好。我们做的努力看似不同，但结果指向都是一样：让这个世界变得更好一点，哪怕只有一点，仅此而已。

回归初心。

7.2.2 蔡文峰：是什么让笔者坚守在两年才收入 891.21 元的行业

年轮故事，精致家居生活资深顾问，居家领域大咖创作者，居家领域 TOP 创作者。文案多次被渠道作为示范案例及优质文案流量奖励，最高日点击 100 多万，擅长品牌曝光、商品卖点提炼、爆贴推广引流，10 多年的电商经验累积成就了年轮故事在选品上特有的优势，账号主要以分享装修设计经验、居家收纳、居家用品测评、智能大小家电选购、生活妙招、居家小窍门为主。

新媒体的道路说长不长说短也不短，在大家都知道粉丝变现这个词的时候，我们都在思考怎么靠粉丝变现，而受传统的儒家哲学影响，国人往往耻于谈利，至少在表面上，特别是文人，往往有君子固穷的清贫思想，导致在微信各大公众平台上，很多人不敢在内容里名正言顺地靠内容变现，生怕变现的行为，让粉丝反感屏蔽。正当笔者努力思考怎么才能实现变现时，阿里创作平台利用自身的购物平台特性，以及强大的技术后台支撑，使新媒体人名正言顺地靠内容赚钱，实现了变现的神话，各大媒体人纷纷入驻。然而在很多人争相挤入阿里创作平台，希望能获取一杯羹的时候，有人欢喜，有人忧，因为阿里创作平台有自己特有的个性，需要有适合匹配的内容，笔者也是经过一路摸索才求得真经。

2013 年，杭州，笔者带着 8 万元只身来到了这个适合电商生存的地方。为了节省开支，笔者住月租 500 元的房子，吃 7 元的快餐，有时候一天只吃两顿饭。初到杭州时不懂行情，只记得当初学校毕业时出来租房子，500 元就能租到一个套间，还挺宽敞，这个预算还是有点尴尬。在朋友的带领下，租下了自己非常不满意的小单间，这个小单间只能容下一张床，一张电脑桌，唯一好的是有独立洗手间，也就是传说中的格子间。就如朋友说的，这个已经很不错了，唯一的不足就是房子朝北终日不见阳光，就这样一住就是一年半，后来换了一间大一点的朝南房间，1000 多元租金，坐在桌前工作，阳光是可以照在身上的，而这段经历让我懂得了买房为啥要买朝南的道理，住人的地方怎么可以终日不见阳光，也给现在选房奠定了基础知识，所以选房坚持要朝南，还必须是小区里好的地段。

同年 7 月 9 日 7 点 45 分 51 秒，在微淘内测的时候年轮故事顺利入驻微淘（阿里创作者的前身）。在那一号难求的时期，内测号炒到一万元一个，能拿到一个内测码是多么难能可贵，就算有淘大便利的资源，结果也还是一样没有拿到内测码，最后是在一个偶然的机会，在意外的渠道拿到了，而笔者已经回忆不起那个渠道的名字了。

有句话说“理想很美好，现实很骨感”。第一年，微淘没有理想中那么美好，在技术上结算权都没有打通，没有结算权就意味着的没有收入，没有收入就意味着负经营，那时候还有其他地方伸来的“橄榄枝”，而笔者却婉言拒绝了这份高薪的收入，傻傻地守着一台电脑码字。从朋友借的办公室，到咖啡吧，而这段经历也让我懂得一个道理，对于文案创作者而言，是不需要固定环境来创作的，创作的灵感来源于丰富的生活，而不是固定的办公室。这也为笔者团队的经营省下一笔不菲却无谓的开支，而没有收入的现状还要面临应对着身边的家人朋友的声音，有句话说“胸怀是被委屈撑大的”，笔者深有感触！

2014 年，微淘在技术上实现了结算打通，有了结算权就意味着我们有收入了，但是依然没有想象中那么美好，2014 年 7 月到 2015 年 7 月整整一年，笔者的收入是 891.27 元，如图 7-19 所示。这一年，笔者的 8 万元现金也快花完了，为了支撑项目，笔者利用手作珠串来维持生计。那个时候微淘岗位上的小二纷纷调岗了，而和笔者一起进入的账号也有很多都放弃了，让笔者能够坚持下来的是心中对新媒体未来的坚信不疑，而这份坚持，也让我尝尽了现实的骨感，没有稳定的收入就要面临在这个城市的生存压力，最后差一点要进入朋友公司工作来维持这份信念了！

结算概况　收入明细

时间	预估收入	维权退款	维权金额	冻结金额	补扣金额	月结发钱	预代扣税	技术服务费
2015年07月	¥121.79	¥0.00	¥0.00	¥0.00	¥0.00	¥121.79	¥0.00	¥15.17
2015年06月	¥52.10	¥0.00	¥0.00	¥0.00	¥0.00	¥52.10	¥0.00	¥6.50
2015年05月	¥182.59	¥0.00	¥0.00	¥0.00	¥0.00	¥182.59	¥0.00	¥22.70
2015年04月	¥440.73	¥0.00	¥2.12	¥0.00	¥0.00	¥438.61	¥0.00	¥53.01
2015年03月	¥59.44	¥0.00	¥0.00	¥0.00	¥0.00	¥59.44	¥0.00	¥7.43
2014年11月	¥0.92	¥0.00	¥0.00	¥0.00	¥0.00	¥0.92	¥0.00	¥0.11
2014年09月	¥26.79	¥0.00	¥0.00	¥0.00	¥0.00	¥26.79	¥0.00	¥2.68
2014年08月	¥8.76	¥0.00	¥0.00	¥0.00	¥0.00	¥8.76	¥0.28	¥0.88
2014年07月	¥0.27	¥0.00	¥0.00	¥0.00	¥0.00	¥0.27	¥0.00	¥0.03

图 7-19

好在那只是黎明前的黑暗，机缘巧合，2015 年 8 月 20 日，笔者拿到了意味着自媒体春天来临的第一笔月收入 5481.8 元，实现变现的是淘宝头条，也就是现在的阿里创作平台中 7 大流量之一，阿里创作平台是微淘 、U 站、拾货三合为一而来，也就是这样的变动，让创作者们迎来了自媒体的春天，能够坚持下来的创作者，都有了颇丰的收入，这也是在光鲜前面背后的其中一个故事，笔者始终相信“没有人能随随便便成功”这句话，获得成功需要具备对未来的前瞻性和坚持的信念，这是创作者迈向成功不可或缺的因素。

而这背后少不了许许多多的小二团队在日夜兼程地付出着，领域的细分是对创作者定位最好的举措，依稀记得努力推行领域细分的小二是传说中的小二红人远凡大叔，实现变现的就是大叔所在的淘宝头条的小二团队，再就是有好货、清单等这些重要的渠道，虽然不是特别清楚阿里创作平台小二团队背后的故事，但是笔者明白，没有众缘的和合，怎么会有现在的淘宝平台的变现，惟有心存感恩，不断进取！

从那之后笔者拥有了自己在杭州的房子、工作室、团队……在这里要感谢的人有很多，没有这些因缘的触动，就没有笔者现有的一切，所以笔者团队的目标就是自立利他，帮助年轮故事的孩子们成长，是年轮故事的一大使命所在，笔者希望年轮故事的团队是浊世中的一股清流，每个孩子都能够用利他的心去帮助更多的人成长，这也是笔者两年收入 891.21 元的心路历程，也是从紫色枫林成长为年轮妈妈的蜕变之路。

古语有云："前人栽树，后人乘凉"，在这春光明媚的时刻，只要依着前人的脚步，就可以赏一路美景，采一路果实，具备文案创作能力的你，还在等什么呢？

7.2.3 黑水的蝴蝶效应

马云曾说过，唯一不变的就是在变化，通过不断地前进，黑水创立的上海黑域电商新媒体公司成为内容领域的一个新锐内容机构，拥有大咖系列的美食、服饰、美妆、家居等内容矩阵，比如妙匠善食、美妆一课大咖系列账号，打造出垂直领域的内容电商营销互联网公司，为更多的商家和品牌服务。

蝴蝶，一个美丽的昆虫，用翅膀煽动海面，可能会产生巨大的力量，引发海啸。

我，一个从事电商的自媒体人，在一次偶然的聊天聚会中，谈论到自媒体行业。对整个职业规划产生了巨大的转变，一次小小的震动产生了巨大的能量，当时只感觉是个很好的项目，不能犹豫了，立刻行动，注册账号写文章。

万万没想到，从当初的一个账号做到现在拥有70个账号，用了两年不到的时间，在写作的这段日子里感觉充实，目标明确，每天都是幸福满满。

当踏进新媒体领域之后，发现想出成绩必须要有付出，比如在今日头条上推出的明星离婚系列，连续熬了四个夜，只为了第一时间拿到新闻稿，然后通过自媒体平台分发出去，整个过程获得500多万的阅读量。单篇科技类视频播放量达到318万次，成为某知名拼团网站融资后邀约的唯一自媒体内容作者，并成为阿里巴巴中小企业商学院点名邀约自媒体作者。

做内容最后是为了变现，那么在哪些平台变现好呢?

电商平台，阿里创作者。比如，策划母婴内容营销，以明星作为带动，电商平台为依托在活动日通过内容为商家带来125万元的销售额。这也是我们在做创作者之后发现，内容电商是对知识的直接变现方式，而且带来的收益超过想象。

有人要问了，那你为什么要这么做，有什么意义吗?其实从事设计和电商领域多年，之前是一家上市服装企业的设计总监，从事传统行业。后来进入电商领域，现在又来到内容知识行业。之前对于新媒体的运营与写作接触较少。可是自身又喜欢写作，也算是有一点关联性，在大学学设计专业，接触广告学。似乎冥冥之中有一种缘分引导着我走进这个行业，进入内容领域。之前一直认为电商是自己创业中最喜欢的一个行业，可是进入这个内容领域之后发现原来这里天地更广阔，更能施展自己的才能。同时在这里可以把自身的各种能力得到提升，比如设计、品位、写作、商务、摄影、出版、法务等方面。非常开心进入这个行业。

马云曾说过，唯一不变的就是变化，通过不断地前进，让上海黑域电商新媒体公司成为内容领域的一个弄潮儿，打造出垂直领域的内容电商营销互联网公司，为更多的商家和品牌服务。